JN437001

겨울 햇빛에 기대어

임석재 수필집

겨울 햇빛에 기대어

인 쇄 2020년 10월 19일
발 행 2020년 10월 22일

지은이 임석재
발행인 서정환
펴낸곳 수필과비평사
주 소 서울시 종로구 삼일대로 32길 36(익선동 30-6 운현신화타워 빌딩) 305호
전 화 (063) 275-4000, 252-5633
팩 스 (063) 274-3131
이메일 essay321@hanmail.net
출판등록 제300-2013-133호
인쇄 · 제본 신아출판사

ISBN 979-11-5933-296-8(03810)
값 13,000원

이 도서의 국립중앙도서관 출판예정도서목록(CIP)은 서지정보유통지원시스템 홈페이지(http://seoji.nl.go.kr)와 국가자료공동목록시스템(http://kolis-net.nl.go.kr)에서 이용하실 수 있습니다. (CIP제어번호: 2020043901)

• 이 책의 발간비 일부는 전라북도 문화예술 진흥기금의 지원을 받았습니다.

겨울 햇빛에 기대어

임석재 수필집

수필과비평사

작가의 말

걷던 걸음을 잠시 멈추었다.

부지런히 걸어온 것 같은데 내가 나온 우물은 그리 멀지 않아 보인다.

앞을 바라본다.

갈 길의 끝을 가늠 할 수는 없지만 걸어가는 발걸음은 언제나 다름없이 바르게 앞으로 한 발 한 발, 꾸준히 걸어가고자 한다. 비록 둔필鈍筆의 작은 울림일망정 살아있는 자취를 남기고 싶다.

다시 걸어간다.

– 그리운 내 어머니께 이 책을 바친다.

庚子年 白鷺에 임석재

차례

1부 마음에 핀 꽃

2부
청자사발에 내린 꽃

3부
내 마음에 흐르는 강

4부

오래된 것들

5부

둥지

1부

마음에 핀 꽃

새웅게와 무명저고리

신선의 손바닥

여담餘談

금성인의 마법

귀뚜라미 일기

곡우 무렵

내가 사랑한 《사하라 이야기》

마음에 핀 꽃

나의 구두 수선방

새웅게와 무명저고리

아직 봄이라고 하기에는 바람이 차가워 부담 없이 뜨끈하게 먹을 수 있는 국밥집을 찾았다.

점심을 같이하러 간 친구가 반찬으로 나온 새우젓을 집어 물기를 떨어뜨린 다음 밥 위에 올려놓고 고춧가루와 참기름을 넣어 밥을 비볐다. 의아해 하는 나와 달리 주인은 흐뭇하게 바라보다가 자리를 떴다. 처음 보는 희한한 비빔밥을 보며 궁금증과 함께 내 입에 침이 고였다. "한 술만 먹어보자." 달려드는 나에게 그릇을 밀어주었다. 짭조름하게 씹히는 새우 살과 함께 고추의 매운 맛이 입 안 가득 퍼졌다. 이어 스르르 목젖을 타고 부드럽게 미끄러져 넘어갔다. 콩나물국을 한 수저 호호 불며 떠먹고는 염치없이 다시 수저는 새우젓비빔밥으로 달려간다. 새우젓비빔밥을 먹다 콩나물국을 떠먹는 것은 판

소리에 추임새를 넣는 것과 같았다.

수없이 콩나물국밥을 먹었지만 이렇게 주객이 전도된 시식試食은 처음이었다. 놀라는 나에게 그는 서해西海의 바닷가 마을, 고향에서 먹던 밥으로 딱히 반찬도 없고 입맛 없을 때 손쉽게 한 번씩 이렇게 먹는다 했다. 하얀 새우젓 하나를 들어 그대로 맛을 느껴본다. 비리고 짠 젓갈을 싫어하지만 폭 삭은 육젓의 맛은 오히려 달고 고소하게 느껴졌다.

새우젓을 보니 초임지에서 하숙했던 권 주사의 안댁이 떠올랐다. 사십대 중후반이나 되었을까. 큰딸이 열여섯, 내가 담임을 맡던 아들이 열세 살의 초등학교 육학년이었으니까. 거친 농사일에 얼굴은 갈색으로 그을렸어도 앞가르마를 타고 기름을 발라 넘긴 쪽 찐 머리에 은비녀를 꽂고 흰 무명저고리를 입고 있었다. 모내기철이나 농사일이 바쁠 때에는 빛바랜 남색 치마 대신 간편한 몸뻬로 갈아입고 일을 하였다.

어느 봄날이었다. 겨우내 묵은 빨래들도 때를 벗고 장대가 무겁게 마당에 가득 널렸다. 저녁을 물리고 어둠이 짙어지자 밖이 소란하였다. 아침에 상갓집에 간 남편의 귀가가 늦자 아들딸을 불러 아버지를 모셔 오라 채근을 하는 소리였다. 상가나 결혼식 날은 빠지지 않고 가서 공술을 배불리 먹기 때문에 그에게는 생일과 같은 날이다. 그런 날은 으레 감당하지 못하게 술이 취해서 아무데나 드러누워 버리는 일이 잦으니 아버지를 찾으러 보낸 것이다. 권 주사가 밤늦게야 겨우 부축을 받아 돌아오면 꼼짝없이 수일간 자리보전을 했다. 곡기를 전혀 넘기지 못하는 남편에게 따뜻한 설탕물을 타서 원기를 회복시켜 주곤 하였다. 동네 사람들은 모두 없는 이만 못 한 사내를 지극 건사한다 하였지만 그녀는 그런 말에 그저 묵묵히 입방아를 견디는 것이었다. 어쩌다 권 주사가 나하고 마주칠 때면 그 옆에 와서 의복을 바로 매만져주며 알코올 중독으로 어눌한 남편 말을 대신하였다. "젊어서는 한학을 공부했던 양반인데……." 하며 어설피 웃음 짓곤 했다.

1960년대 춘궁기 시골에는 하루 세끼 밥을 먹는 집은 몇 안 되는 부농뿐이었고 대부분의 집은 하루 두 끼에 그것도 한 끼는 고구마나 옥수수 등으로 대신했다. 도시에서 온 선생을 하숙생으로 안내한 것은 마을 유지이며 부면장을 지낸 어르신이었다. 권 주사 댁의 단정하고 알뜰한 살림 솜씨를 보고 추천을 해 준 것이다. 하지만 일 년 양식도 안 되는 논 몇 마지기에 산다랑이밭을 가진 집에서 도시에서 온 선생 숙식을 도맡는 일이 버거웠을 것이다. 그래도 어떻게든 이런저런 반찬을 만들어 상 위에 올리려 애를 썼다.

봄에는 여러 가지 나물이 나오고 초여름 메밀이 자라면 어린 순을 따서 된장에 무쳐 김치 대신 밥상에 올렸다. 추석 때가 되면 일 년에 한 번 울타리 밑에 나는 작은 죽순처럼 생긴 양애를 무쳐 내놓았다.

상강이 지나고 서리가 내리면 누렇게 익은 벼는 제 무게에 고개를 숙이고 가을바람에 이리저리 머리를 살랑거렸다. 추수를 위해 가을바람에 바닥을 말려야 했다. 도랑의 수문이 막히고 수위가 낮아지고 물고기도 찬바람에 살이 오를 때이다.

권 주사 댁은 가까운 앞 논도랑에 나가 물에 잠긴 물버들나무 뿌리나 긴 물풀이 늘어진 곳에 대소쿠리를 대고 훑어 민물새우를 잡았다. 그들은 새우를 '새웅게'라 불렀다. 간혹 손가락 길이만큼이나 길고 통통한 새우도 잡혔다. 억센 집게발과 긴 수염을 가진 놈은 '질렁구'라 했다. 그러나 대부분 소쿠리 안에 있는 것은 손가락 한 마디 정도의 작은 새우였다. 그것은 또 '새웅게'라 하지 않고 '토하土蝦'라 불렀다. 작은 도랑이나 저수지 얕은 물에 사는 토하는 작은 몸집에 하얀 몸통이 물속에서 건지면 파란 빛을 띠다가 한데 모아 놓으면 잿빛인 양 거무스름하게 변하였다.

잡은 새우는 가을 무를 큼직큼직하게 썰어 고춧가루를 넉넉히 넣고 얼큰하게 새우탕을 끓였다. 이 새웅게탕에는 늘 무가 들어갔다. 무의 달착지근한 맛이 얼큰한 고춧가루를 입고 햅쌀밥과 어우러져 오묘한 맛을 냈다. 빨갛게 익은 새우보다 달달하고 포근한 무에 젓가락이 자주 갔다. 도랑으로 새우 잡이를 나가는 날이 많아지고 강에 기러기가 날아오면 잡아온 새우로 젓갈을 만들었다. 별미라는 토하젓이다. 먹은 것은 분명한데 딱히 그 맛이 기억에 없다. 얼마 전에 음식점에서 귀한 것이라며 맛보기로 조금 먹어보았는데 양념의 차이인가, 입맛의 차이인가, 별미라고 느껴지지 않고 오히려 새우탕의 추억만 더욱 그리워졌다.

분명히 예보다 먹고 입고 사는 것이 풍요로워졌는데도 아직도 부족하고 행복하지 않다고 느껴질 때가 있다. 그럴 때면 깨끗한 개울에 살면서 다른 어떤 것에도 해를 끼치지 않고 작은 다리를 쉴 새 없이 움직이며 플랑크톤을 걸러 먹는 새우를 생각한다. 그리고 논으로 밭으로 다니며 고단한 삶에도 단정하고 깔끔했던, 시골 하숙집 권 주사 댁의 하얀 무명저고리가 겹쳐 떠오른다.

신선의 손바닥

어느덧 봄이 김제 너른 들에 가득 내려앉았다. 보도 위에 따뜻한 열기가 오르고 논에는 이제 막 뿌리를 내린 튼실한 벼들이 한없이 싱그럽다. '삼봉리' 이정표를 보고 우회전을 하여 국도로 진입하였다.

오랜만의 나들이에 출구를 잘 찾아들었다는 안도감으로 내리막 차도를 돌아 소읍으로 들어섰다. 방앗간 옆에 낡은 비닐하우스 두 채가 을씨년스럽다. 그 앞 넓은 공터에 괴목 등걸이며 도자기 화분들이 어지럽게 널려 있다. 비닐하우스 빈지문 옆에 한 길 크기의 선인장이 보였다.

차를 멈추었다. 허름한 플라스틱 화분에 담겨져 있는 선인장은 지름이 한 뼘 정도에 당당하게 양팔을 펼치고 있는 모습이 가히 연륜과 품격을 느끼게 한다. 바닥에는 크고 작은 선인장 화분이 있었지만 언제 주인의 손길이 닿았는지, 깨지고 비뚤어지고 제멋대로 놓여 있다. 비닐하우스 속에도 각종 선인장과 다육식물이 발 디디기가 옹색하게 제 멋대로 풀과 함께 수북이 자라고 있었다.

발길을 돌려 나와 옆 방앗간에서 주인을 찾았다. 예전에는 선인장에 애정을 가지고 돌보았지만 작은 고을의 시골길에 찾는 사람도 없고 농사일이 바빠서 그냥 철거를 하려고 생각하고 있었다고 했다. 이 정도 자라려면 족히 십여 년 넘게 공력을 들였어야 할 선인장을 헐값에 사서 승합차의 트렁크에 싣고 집으로 돌아왔다.

자기瓷器화분에 옮겨 심고 거실 남쪽 창가에 두었다. 따뜻한 햇볕을 받고 있는 모습이 예부터 내가 여기 있었노란 듯이 의젓하고 기품이 있다. 온몸의 작은 가시로 잡것의 근접을 막고 통통한 몸통이 푸르게 뻗어 오른 모습은 어떤 어려움과 신고辛苦에도 굽히지 않는 당찬 기개를 느끼게 한다. 거실의 주인 노릇을 하던 한 무더기 칼처럼 자란 산세베리아는 이제 하릴없이 작고 초라하다.

선인장仙人掌. 왜 신선의 손바닥인가. 가시가 있고 선뜻 다가서기 어려운 이 식물에 '신선神仙'을 갖다 붙인 이유가 궁금하다. 신선이라 함은 세속을 떠나, 수행자로서 산속에서 도와 법을 닦는 현자를 일컫는데, 그의 손바닥이라 하기는 언뜻 수긍하기 어렵다. 아마도 선인장의 수명이 거의 300년을 넘긴다 하니 장수의 의미에서 그리 생각한 것인가. 아니면 백년초라 불리는 손바닥처럼 생긴 선인장의 넓적한 모양을 보고 붙인 이름인가 막연히 헤아려 본다.

언젠가 미국 보스턴에 사는 누이동생이 귀국하면서 선물을 사가지고 왔다. 그가 가져온 것 중에 노란색의 가루가 담긴 유리병이 있었다. '이게 뭐지?' 하고 살펴보니 라벨에 'Cactus honey'라고 쓰여 있었다. 꿀인 모양인데 액체가 아닌 가루로 된 꿀도 있는가. 처음 보고 처음 듣는 '선인장 꿀'이었다. 어떤 선인장은 백 년에 한 번 꽃이 핀다고도 하는데, 일 년에 한 번 핀다고 해도 한 나무에 몇 송이 피지 않는 그 꽃에서 모아온 꿀이라고 생각하니 신기하여 다시 한 번 들여다보았다.

내가 좋아하는 따뜻한 꿀 차를 끓였다. 끓는 물에 가루를 넣고 잘 저어서 마셔보았다. 얼마나 달겠는가 생각하였는데 끈적끈적하게 달지도 않고 밍밍하게 싱겁지도 않은 감미로운 맛이었다. 아내는 요리할 때도 음식에 넣어 달콤한 맛을 가미해 입맛을 돋우어 주었다. 벌들이 선인장 꽃을 찾아 수없이 물어 나른 수고를 생각하며 아껴 먹고 한 톨도 흘리지 않도록 조심하였다.

선인장은 혼자 사는 것이 아니었다. 가시가 많은 그 줄기에도 구멍을 뚫고 굴뚝새가 보금자리를 만든다. 낮에는 40℃가 넘는 뜨거운 태양을 피하고 밤에는 영하로 내려가는 사막의 차가운 기온을 선인장의 두툼한 육질이 잘 막아 줄 터였다. 굴뚝새가 새끼를 낳아 기르며 안락한 터전으로 만들어 사는 모습을 보니 선인장의 여유와 미덕을 하나 더 보게 되었다.

인터넷을 하게 되고 메일의 계정을 만들 때였다. 아이디를 정하라고 하였다. 먼저 떠오른 것은 아호雅號다. 내가 서예 공부를 할 때 스승은 아호를 지어주고 서각을 하여 도장까지 마련하여 주었다. 마루 종宗에 바위 암岩이다. 조금 과하고 거센 듯하지만 우유부단하고 연약한 내 성격의 비보裨補로 좋겠다 싶어 아호로 가끔씩 쓰곤 한다. 또 하나 다른 이름은 '오야지(親父)'였다. 봉건사상으로 완고한 내 머리는 집안의 화목은 대주로서 할 일은 하고 권위도 있어야 한다는 생각에 장난기가 발동하면 쓰는 별호다.

하지만 나는 아이디로 '선인장'을 택했다. 신선이라는 말이 좋지 않은가. 누구나 한 번쯤은 속세를 떠난 신선의 고고함을 꿈꿀 것이다. 사막의 그 황량함에도 도를 닦는 수행자처럼 삶을 이어가는 끈질긴 생명력이 아름답다. 무언가 애타게 목이 마를 때, 사는 것이 재미가 없을 때, 뜨거운 햇볕과 물 한줄기 흐르지 않는 바위와 모래더미 극한의 땅에서 묵묵히 수백 년을 살아가는 선인장의 모습을 그려본다.

만리타국의 낯선 아파트에 뿌리를 내리고도 초연超然한 그는 언제나 푸르다.

여담餘談

인간관계는 우선 그 사람의 외모를 보고 제일 먼저 결정된다. 몇 초만의 짧은 순간에 그에 대한 호, 불호가 뇌에 인식되기 때문이다. 특히 내가 심하다. 첫눈에 순해 보이고 웃는 얼굴이면 마음이 열리고 다정한 감정을 느낀다. 반대로 조금 험해 보이거나 기골이 있어 보이면 눈 맞추기도 어렵고 가까이하기에는 상당한 용기와 시간이 필요하다.

거울을 본다. 외탁을 해서 갸름한 얼굴에 약골이다 싶은 체격을 가졌다. 아버지도 이목구비가 번듯하셔서 나도 그리 험하게 생기지는 않았다. 오히려 너무 순하게만 생겼다는 것이 흠이다.

항상 나이보다 어려 보여서 좀 어른 대접을 받아야 할 자리에 가서도 서운한 일을 곧잘 겪곤 했다. 공직에서 정년퇴임을 하고도 십여 년이 흘렀다. 눈가의 잔주름이 생기고 머리는 은색으로 변하였지만 한눈에 보이는 동안童顔은 여전해서 경로우대하는 곳에서는 신분증 검사 대상이 되기도 하고 해외 입국 비자 심사 때는 날카로운 눈매로 심사를 받아야 한다.

퇴직하면 몇 가지 하고 싶은 일이 있었다. 그중의 하나가 머리와 수염을 길러보는 것이었다. 단골 미용사도 적극 찬성하여 나의 의욕을 북돋아주었다. 미용실기대회에서 입상한 그녀의 전문성과 안목을 나는 깊이 신뢰했다. 가족의 반대를 무릅쓰고 더부룩한 장발의 모습을 갖추어 갔다. 긴 머리를 쓰다듬을 때의 손의 감촉이 부드럽고 좋았다. 습관적으로 머리를 쓸어 넘기며 남다른 외모에 스스로 만족했다. 하지만 머리가 귀를 덮고 뒷목을 지나 길게 자라자 문제가 생겼다. 계속 길러서 머리를 묶어야 할 것인가. 어깨를 덮게 생머리로 기를 것인가 고민이었다.

마음속의 또 다른 나는 불결하다, 갑갑하다며 아우성쳤다. 손톱이 조금만 길어도 바로 바짝 잘라야만 하는 조급한 성격이 나풀거리는 긴 머리가 신경쓰였다. 미용사는 머리카락이 목을 덮지 않고 빗질 한 번에 가지런히 정리가 되는 파마머리로 해결을 해주었다.

얼마 전 얼굴에 뾰루지가 나서 피부과에 갔다. 의사는 접촉성 피부염이라며 면도를 하지 말라고 했다. 매일 일회용 면도기로 얼굴을 밀어야만 개운했던 일을 하지 못하자 수염이 더부룩이 자랐다. 피부염은 얼마 후 나았지만 수염이 문제였다. 내 수염이 이리 많았나 할 정도로 수북했다. 수염의 끝을 다듬고 모양을 만들었다.

가는 곳마다 나의 수염은 화제였다. 물론 집안의 여론도 들끓었다. 아내와 딸들이 이것이 단기간에 끝날 해프닝이 아닌 것을 깨닫자 적극 반대를 했다. 머리를 기를 때는 그저 해도 좋고 안 해도 좋고 무심하더니 이번에는 수시로 수염을 깎으라 재촉했다. 친구들도 모두들 반대를 했다. 그들은 수염이 어울리려면 원래 남성다운 강함이 있어야 하고, 나의 용해빠진 얼굴에는 적합하지 않다며 심기를 건드렸다. 여름에는 모시옷과 겨울에는 두루마기 정도는 갖추어 입어야 한다는 엄청난 소리로 겁을 주는 친구도 있었다. 그들은 아무도 수염을 기른 사람이 없다. 자신들은 용기도, 자신감도 없어서 수염을 기를 엄두조차 내지 못하는 것이 분명했지만 타인에 대한 평가는 야박했다.

나는 자주 수염을 만지며 생각에 잠겼다. 수염을 만지다 보니 남모를 재미가 있다. 손이 심심할 때도 만지고 골똘히 생각에 잠길 때도, 목소리를 가다듬고 진중한 말을 할 때도 자연히 손이 갔다. 부드러운 손이 까칠한 수염에 닿을 때의 쾌감이 더 자주 수염을 만지게 한다. 한료하면 검지의 옆면으로 입술을 더듬는다. 거칠거칠한 수염이 감각세포를 자극하고 부드러운 입술의 감촉이 손끝을 타고 흐른다. 조금 안으로 손을 밀어 적당히 촉촉함을 즐긴다. 따스함이 있다.

입술을 벌리고 좀 더 깊이 안으로 들어가고 싶은 충동을 느낀다. 수염은 때와 장소의 구분 없이 마음의 평안과 소소한 쾌감을 선사했다.

나의 이 은밀한 애무를 즐기는 녀석이 또 있다. 돌 지난 손자 녀석이 고사리 같은 검지를 뻗어 수염을 꾹꾹 누르다가 입술을 문지른다. 입술을 꾹 다물고 햇솜과 같은 부드러운 손결이 입안에 들어온 것을 막는다. 사내들의 눈이 마주친다. 우리는 같이 웃는다. 설마 녀석이 수염의 야성과 부드러운 입술의 달콤함을 깨달은 건 아니겠지.

두어 달이 지났다. 주위에서는 '왜 잘생긴 얼굴을 수염을 길러서 망치냐?'고 하고 아내는 "무슨 불만이 있어요?"라며 볼 때마다 다그쳤다. 집안에 회색빛 먹구름이 끼었다. 수염 기르는 소소한 즐거움도 내 마음대로 할 수 없었다.

나는 마지막으로 수염을 매만지며 반론을 내놓았다. 돈도 들지 않고 다른 사람에게 해를 끼치지도 않는데 무엇이 나쁘냐고. 하지만 가정의 평화를 위해 어쩔 수 없이 면도기를 들었다.

그리고 이 말을 입안으로 삼켰다.

'언젠가 다시 기르고 말 테다.'

금성인의 마법

살다 보면 가끔은 기이한 일을 겪기도 한다.

미용실 문을 열고 들어섰다. 파마를 하는 두 여자가 있고 청년이 커트를 하고 있었다. 원장의 얼굴이 낯설다. "원장님 안 나오셨어요?" 나의 말에 오히려 반갑게 인사를 한다. 눈이 동그랗고 덧니가 드러나 보인다. 그 사람이 아니다.

우물쭈물 황급히 미용실 문을 열고 나와 간판을 본다. 맞다. 이번에는 위치를 확인한다. 상가 건물의 맨 끝 쪽이 분명하다. 다시 미용실 문을 열고 슬며시 들어서자 "사모님은 같이 안 오셨어요?" 하며 또 알은체를 한다. 금발로 염색한 머리가 맞는 것 같기도 한데 그때 윤기 흐르는 머리칼에 예쁜 핀이 꽂혀 있던 머리가 아니다. 영 낯설어 허둥대다 다시 보니 눈도 풀어져 보이고 입이 이렇게 컸었나 싶다.

그렇다. 화장 탓이다. 전날이 휴일이어서 밀려드는 손님들 때문에 얼굴에 손이 못 간 것이리라. 그녀도 어지간히 충격을 받은 듯했다. 머리 손질 틈틈이 황망히 무언가를 바르고 분첩으로 두드리는 것을 실눈을 뜨고 나는 보았다.

화장은 남에게 잘 보이기 위해서 하지만 한편으로는 스스로의 만족감을 위해 한다. 남자들도 화장품을 바르고 난 뒤 거울 속 자신의 모습을 바라보며 미소 지을 때가 있지 않는가. 정성을 들여 단장한 여인도 거울에 비친 자신의 모습을 보면 얼마나 뿌듯할 것인가.

그런데 지나친 단장으로 시간 가는 줄 모르다 보면 금슬 좋은 남편도 기다림에 짜증이 나서 모처럼의 외출이 엉클어지는 시발점이 되기도 한다. 약속 시간과 가는 데 걸리는 시간은 아랑곳하지 않는다. 그저 정해진 매뉴얼에 따라 변신에 몰두하는 여인들은 초조해 하는 남자의 마음을 알 리 없다. 이때 남자들의 인내심이 필요하다. 나와 결혼하면 손에 물 하나 묻히지 않게 하겠다는 지키지도 못할 삼류의 헌사보다 예뻐지고자 하는 여인들의 원초적 본능을 이해해야 한다.

서로 전혀 다른 행성에서 온 차이를 인정하자는 것이다. '대충대충 하라'거나 홧김에 내뱉는 "호박에 줄긋는다고 수박 되냐?"는 말을 듣고 속 좋을 여인이 누가 있을 것인가. 다행히 결별에 이르지 않는다 해도 노후 불행의 원천이요 끊임없는 구박의 진원지가 될 것이다.

이런 세태를 진작 간파한 머리 좋은 무리가 있으니 화장품 회사다. 그들은 오직 인체의 피부에 대한 고도의 연구와 분석을 거쳐 이 세상에 피부에 좋다는 것은 동물, 식물, 광물을 따지지 않고 모두 모아 화장품을 만들었다. 연령에 따른 분석을 하고 눈과 코와 입 등 부위에 따른 특성과 심지어 아침과 저녁, 잠자는 동안의 피부변화에 따른 연구를 하여 수많은 종류의 화장품을 개발한 것이다.

그중 세계적으로 빠른 시간에 비약적인 발전을 한 것이 우리나라가 아닌가 한다. A화장품회사의 주식이 상한가로 오르고 샤넬, 랑콤, 시세이도 등 명성 자자한 세계적인 회사들과 어깨를 나란히 하게 됐다. 오래전 주식 열풍이 불 때 P제철 주식을 사서 그래도 공업 발전만이 나라 발전의 원동력이라는 나의 신념은 세상 물정 모르는 것이 되었다. 우리나라의 모든 여인, 십 대나 이십 대 아니 육칠십 대 여인까지 모두 하나같이 피부미인으로 만든 화장품회사의 공로는 역시 지대하다.

대저 여인들 화장의 마무리는 입술에 있다. 붉은 진홍색의 요염함이나 연한 핑크색의 은은함은 그날의 화장을 결론짓는 마음의 표현이다. 윗입술과 아랫입술을 맞물어 고르게 마무리하며 거울에 이쪽 저쪽을 살펴보면 끝이다. 금성인의 마법이 끝난 것이다.

여기서 나의 생각은 좀 다르다. 완성을 위한 또 하나의 손길이 남았다. 바로 향수다. 우리나라의 전통적인 후각에 따르면 좀 역겨울

수도 있지만 화장술의 시작과 함께 발전해온 향수의 매력을 간과할 수 없다. 처음에는 왠지 어색하고 데면데면하던 사람도 자주 만나보면 익숙한 것처럼 좀 강하다 싶은 향기도 시간이 지나면 자연스러운 느낌이 들게 된다. 손목이나 목에 뿌려 체온과 섞여서 향기가 나도록 해야 한다지만 그냥 감성에 따라 때로는 맨살에, 때로는 속옷에, 어떤 날은 겉옷 위에 가볍게 뿌려진 향수. 은은한 우드향이나 달콤하고 강렬하기도 한 후로랄 향은 화장의 화룡점정이 된다. 향이 부담스럽다면 두세 시간이 지나 잔향이 없어지는 오드 코롱도 괜찮다.

은막의 여왕이었던 마릴린 먼로의 잠옷은 '샤넬 No. 5'이었단 말은 지금까지 회자되고 있다. 야릇한 상상과 함께.

귀뚜라미 일기

벌써 며칠이 지났을까. 그때 배추 더미 속에서 나오던 날의 황당했던 일은 잊을 수 없다. 푸른 비닐봉투의 배추 속에 꼭 끼어 있을 때만 해도 '아, 뭐야. 갑갑하잖아.' 하며 늦잠에서 깨어나 투덜거렸었다. 갑자기 큰 식칼이 비닐을 '부욱' 가르고 여자가 배추를 한 포기씩 꺼냈다. 겉잎을 사정없이 뜯어내고 뽀얀 속살의 동이로 다듬기 시작했다.

칼질 소리야 전에도 많이 들어왔다. 인부들은 배추를 살짝 옆으로 밀고 네모 진 큰 식칼로 밑동을 단칼에 잘라 눕혔다. 줄줄이 눕혀진 배추들은 미리 와 있던 트럭에 차곡차곡 실려 시장으로 팔려 나갔다. 그 밭은 벌써 몇 년째 여름과 가을철 두 번씩 푸른 배추밭을 이루었다. 트럭의 엔진 소리와 매캐한 냄새가 나고 이어서 서걱서걱

인부들의 발소리가 들리면 우리들은 익숙한 피난처로 몸을 숨겼다.

배춧잎 속에서 튕겨 나온 나는 본능적으로 어둠을 찾아 그늘진 벽 쪽으로 숨어들었다. 거친 시멘트 벽과 페인트의 기름 냄새가 역겨웠다.

"그동안 김장김치 잘 먹었는데 이제부터는 매번 김치를 담아 먹어야겠네."

"오랫동안 잘 먹었고만요."

남녀의 주고받는 소리가 들렸다. 주변을 둘러보았다. 베란다에 원목을 깔아 거실과 자유롭게 오갈 수 있고 수도가 있어서 주방 옆 다용도실보다는 이곳에서 허드렛일을 하는 모양이었다. 삼단 플라스틱으로 된 화분 받침이 안방 창문 밑에 받쳐져 있고 그 위로 이십여 개의 난과 넉줄고사리, 천리향 그리고 몇 개의 수석이 놓여 있었다. 줄기만 이십여 센티미터는 됨 직한 소철이 가장 귀한 것이었는데도 맨 구석에 놓여 있었다. 화분 바닥에는 소나무 껍질을 깔아 놓았고 마침 한여름 쭉 자란 잎이 무성해서 내가 있기로는 제일 좋았다. 창문턱만 살짝 넘으면 안방의 침대가 놓여 있었다.

나의 고향은 진안 부귀다. 소백산맥의 줄기가 지리산, 덕유산을 거쳐 고원지대를 이루었다. 전주보다는 해발 300m는 더 높아 항상 기온이 낮고 공기가 청정해서 전북의 고원지대로 불린다. 고지대의 선선한 날씨 덕에 그곳에는 고랭지 채소를 많이 기른다. 배추의 속이 알차고 맛이 고소하며 아삭아삭한 식감을 가져서 사람들은 이 맛을 좋아하고 나도 그에 반해 이곳에 둥지를 틀었었다.

밤이 되었다. 그러나 도무지 밤 같지가 않았다. 거실의 불빛은 베란다까지 환히 비추었고 텔레비전 화면은 밝았다 흐려졌다 어지러이 빛을 쏟아냈다. 창문 밖의 주차장에도 가로등이 밤새 어둠을 몰아내고 있었다. 건너편의 아파트 창문에도, 멀리 있는 광고탑과 교회의 십자가도 어둠은 결코 용납할 수 없다는 듯이 푸르고 붉은빛을 쏟아냈다. 하늘은 낮과 같이 훤했다. 그 많은 별은 다 어디 가고 없는 것일까.

외로움이 밀려왔다. 나는 울었다. 사람들은 수컷의 앞날개에 발음기가 있어서 날개를 비벼 암컷을 찾는 소리라 했다. 하지만 나는 낯선 이곳의 생경함과 외로움에 울었다. 무서움이 밀려왔다.

"쯧쯔쯔쯔치 쯧쯔쯔쯔치 찌찌찌 찌찌지."

"저 소리가 안 들려요?" 여자가 물었다.

일찍 잠자리에 들었던 남자는 무슨 소리냐며 시큰둥했다. 귀뚜라미가 베란다에 있는 것 같다는 여자의 말에 말도 안 되는 소리라며 아파트 8층에 어떻게 있겠냐고 했다.

다행히 다음날에는 물이 쏟아졌다. 남자가 화분에 물을 준 것이다. 한 번씩 흠뻑 물을 주더니 다시 처음부터 하나하나 골고루 뿌려주었다. 습도가 높아지고 물을 마실 수 있어 좋았다. 무언가 먹을 것이 없을까 이리저리 돌아다녔다. 동양란의 잎은 날카롭고 빳빳했다. 이제 보니 모기를 쫓아낸다는 고약한 냄새를 풍기는 화분도 있었다. 며칠을 찾아 봐도 먹을 것이 없었다.

화분의 물이 마르고 아침이면 뜨거운 햇살이 비쳐왔다. 그늘진 소철 밑에 있어도 몸이 화끈거렸다. 매일 베란다 밖의 에어컨 실외기는 쉴 새 없이 윙윙거렸다. 폭염주의보에 이어 폭염경보도 내려졌다. 나는 지쳐갔다. 고향의 신선한 바람이 그리웠다. 여린 배춧잎과 맛있는 작은 벌레들이 눈앞에 어른거렸다. 나는 힘없이 울었다.

"쯔쯔쯔치 찌찌찌……."

"여보, 밤에만 울더니 이제는 낮에도 울어요."

여자의 말에 그제야 남자도 관심 있게 귀를 기울였다.

"귀뚜라미가 아니고 여치일 거야. 귀뚜라미는 가을에 울어. "가을이라 즐거운 밤 달이 밝아서 귀뚜라미 귀뚤귀뚤 글을 읽는다." 하는 동요도 있잖아."

선생이었던 남자는 옛날 곤충채집 방학 숙제를 내면 밀짚을 나선형으로 엮어 여치집을 만들어 오기도 하고 종이를 둥글게 오려 윗면과 아랫면에 대고 성냥골을 넣어서 만들어 오기도 했노라는 말을 덧붙였다. 사람들은 작고 녹색인 것은 모두 여치로 알았다. 하지만 베짱이, 풀무치, 썍쌔기, 방아개비가 서로 다르고 귀뚜라미 비슷한 꼽등이라고 하는 것이 있다.

"그런데 여태 무얼 먹고 살았을까?"

여자가 혼잣소리로 말했다. 여자는 내 소리를 녹음을 해서 놀러 온 손자에게도 들려주고 남편에게도 들려줬다. 돌 지난 어린아이는 신기한 듯 소리에 귀를 기울이다가 휴대폰을 움켜잡으며 입가에 웃음이 번졌다. 마치 따라 부르듯 소리를 내며 즐거워했다. 남자는 언제 녹음을 했냐며 심드렁했다. 그의 깊은 주름만큼 세상에 닳아져 있었다.

나는 배를 곯았다. 수석에 있는 이끼를 맛보기도 했지만 먹을 수는 없었다. 화분에 난 싱건지풀을 먹어보기도 했다. 다시 물이 쏟아졌다. 남자는 일주일에 두 번은 알맞게 꼭 물을 주었다. 베란다 옆 탁상 달력에 물 주는 날을 표시하여 놓고 잊지 않았다.

지친 나는 물방울을 피하지 못하고 몸이 젖었다. 끝에 있는 풍란의 풀을 맛보려다 일어난 일이다.

"아, 찾았다. 귀뚜라미네."

나는 급히 옆 화분 사이로 들어갔다. 두리번거리는 여자에게 남자가 말했다.

"못 찾아, 틈새로 들어가 버렸잖아."

엎드려 구석구석을 살피던 여자가 나를 살며시 들어올렸다. 이미 힘이 다한 나는 튕겨나갈 수가 없었다.

"어떻게 지금까지 살았을까."

그래도 몸에 기름은 자르르 흐른다며 방충망을 열었다. 손을 한껏 멀리 내밀었다.

"자, 날아가 잘 살아라."

"잘 살까……." 염려하는 여자의 말에 남자는 배추를 사온 날짜를 확인했다. 스무날이나 지났다.

그들의 바람대로 나는 화단의 풀 위로 잘 내렸다. 아파트 밑 통풍구에서는 시원한 바람이 나왔고 무엇보다 흙냄새가 좋았다. 이제야 숨을 제대로 쉴 수 있었다.

그날 밤 나는 목청껏 친구를 불렀다.

"쯧쯧쯔쯔쯔쯔치 쯧쯧쯔쯔쯔치 찌찌찌 찌찌지……."

베란다의 방충망이 열리고 아래를 향해 고개를 내민 환한 얼굴이 보였다.

곡우 무렵

하늘이 흐리다. 바람에 나무의 잔가지들이 흔들린다. 어느새 푸른 잎이 무성한 숲에 싱그러움이 가득하다. 달력을 바라본다. 날짜 밑에 작은 글씨로 쓴 '곡우穀雨'가 보인다. '벼 화' 변에 '곡식 곡'자이니 농사의 풍년을 위한 비다.

벌써 달포가 넘게 밖의 바람을 쐬지 못했다. 신종 코로나 바이러스가 단숨에 세계를 휩쓸었다. 백신은 물론 치료제도 없다. 사망자만 20만 명이 넘었다. 무서운 전염 속도에 모든 일상이 중지되고 감염의 공포 속에 보이지 않는 죽음의 그림자가 내 가까이 어른거리는 것이 느껴진다. 새삼 삶과 죽음이 한순간의 차이임을 알게 되었다. 움츠러든 마음에 눈과 귀는 신문과 방송의 뉴스에 매달려 지낸다. 그나마 지친 마음을 위로할 수 있는 것은 창밖의 신록을 내다보는 일이다.

소파에 앉아 신문에 눈을 돌린다. 오늘도 n번방 성 착취 사건의 공범을 잡았다는 속보가 지면을 장식하고 있다. n번방, 다크웹, 미성년자 성 착취, 성 노예, 그리고 암호 화폐. 모두 처음 듣거나 알 수 없는, 말 그대로 암호 같은 말들이다. '성 노예'로 삼았다는데 인터넷으로 노예처럼 시키는 대로 하였다는 것이다. '나 잘난과 더 잘난', 모두가 잘난 사람들이 사는 현대의 첨단과학 세상에 가능한 일인가. 더욱 놀라운 것은 범인이 20대 초반이고 공범은 18세에다가 13세의 미성년자도 있다는 것이다.

태초에 아담과 이브를 만드시고 합하여 둘이 한 몸을 이루라고 하셨다. 이렇게 하나님은 남자와 여자를 분명히 다르게 지으시고 서로 사랑하도록 하셨다. 하지만 모든 생물 중 인간만이 동성끼리 사랑을 한다고 하고, 타고난 성性을 수술하여 이성이 되고 법적으로 등록까지 하여 산다.

눈을 돌려 티브이를 켜본다. 고등학생들의 퀴즈 프로그램이 한창이다. 모두가 건강하고 활기차 보인다. 인생의 가장 푸른 시절이다. 나의 눈은 프로그램의 내용보다 여학생들의 얼굴에 가 있다. 교복을 입은 몸에 하나같이 화장을 짙게 하고 있어서다. 물론 어제 오늘의 일이 아니다. 언제 부터인가 중학교는 물론 초등학생까지도 화장을 하고 다닌다. 앳된 얼굴에 솜털이 보슬보슬한데 눈썹을 그리고 마스

카라를 하고 입술연지를 붉게 발랐다.

거리에서의 애정표현도 서슴이 없다. 교복이라도 입지 않았으면 싶다. 요즘 일부 청소년들은 서로 사귀게 되면 모든 것을 허락한다고 하니 너무 일찍 성의 쾌락에 빠져 버린다. 동물 행동 학자 '데즈멘드 모리스'의 말을 빌려보면 인간이 오랜 임신기간과 양육의 어려움을 극복하기 위해 털을 벗게 되고 여성의 유방이 커지고 번식기가 따로 없이 성생활을 하게 되고 쾌락을 누리도록 진화했다고 하는데 나의 머리는 오히려 더 혼란스럽다. 번식기가 따로 없게 된 것이 문제가 아닐까.

'라떼는 말이야.'라고 하겠지만 옛날에는 결혼을 해야 남녀관계를 비로소 알게 되었다. 초야에 신부의 옷을 벗기는 데도 순서가 있었다. 신방에 촛불은 입김을 불어서 끄면 안 되었다. 행여 복을 날려 보낼까 해서다. 불이 꺼지면 신방을 엿보던 아낙네도 모두 물러간다.

먼저 족두리를 벗기고 옷고름을 풀어준다. 치마끈을 당겨주고 버선 한쪽을 벗겨주면 신부가 알아서 옷을 벗는다. 혹은 신부의 뒤편에서 새색시가 무렴하지 않게 옷을 벗겨 주기도 하였다. 그리고 신랑은 동편에 신부는 서편에 눕는다. 성에 대한 존귀함이 의식에 남아 있었던 것이다. 이성지합二姓之合이 쾌락보다 종족보전의 대의에 충실하였다.

골든 벨을 울리느냐 못 울리느냐에 아무런 흥미를 느끼지 못하고 다시 창밖을 내다본다. 빗소리가 들린다. 베란다에 나가 밖을 바라본다. 하늘 가득 모여든 회색 구름이 어느새 빗방울이 되어 방울져 떨어진다. 바람도 거세어져 나뭇가지가 춤추듯 흔들린다. 바람에 실려 빗방울이 창문에 부딪친다. 크고 작은 방울이 둥근 물의 낙원을 만들었다. '물방울waterdrops'을 1m 넘는 화폭에 그려낸 화가가 떠오른다. 물방울은 너와 내가 다르지 않다. 동그란 모양으로 예쁜 방울을 만들어 안을 들여다보다가 이내 도르르 굴러 내린다. 한 줄 가느린 자국을 남기지만 어떤 미련이나 아쉬움이 없다. 그 자리에 새로운 방울이 다시 나를 들여다본다.

이 비에 나무의 새순이 더욱 자라고 물이 흠뻑 오를 것이다. 새삼 곡우의 절기에 맞추어 내리는 비가 고맙다. 이제 한 해의 농사가 시작될 것이다. 시작은 언제나 맘이 설렌다. 풍부한 수확을 꿈꿀 수 있기 때문이다. 그 꿈을 이룰 수 있게 비가 내린다. 물방울이 합쳐져 땅을 적시고 고여 있던 물이 띠를 이루며 흘러내린다. 이 지구를 불덩어리의 행성에서 생물이 살 수 있도록 만들었던 태곳적의 비가 오늘도 지구와 우리를 살리기 위해 촉촉이 내린다.

이 바람과, 이 비로 세상의 어지러움을 모두 깨끗이 씻어내려 하시는 것은 아닐까.

내가 사랑한 《사하라 이야기》

사막의 모래 언덕에 여인이 누워있다. 무지개 색 긴 드레스를 입은 그 여인은 흑인이다. 옆에 놓인 만돌린은 그녀가 집시임을 느끼게 한다. 살짝 모로 누운 그녀의 손에는 나무 지팡이가 꼭 쥐어져 있다. 꿈을 꾸는 듯 몽롱한 시선은 허공을 바라보고 흰 눈가에는 푸른 방울이 금세 떨어질 듯 매달려 있다. 인생살이 거친 허허벌판에 맞서다 주저앉은 고단함이 가득하다. 커다란 수사자가 머릿결에 냄새를 맡는 듯 들여다보고 있다. 은색의 무성한 갈기는 앞으로 늘어져 있고 흰자가 뚜렷한 동그란 눈은 맹수의 위용보다는 친근함을 느끼게 한다.

모래 구릉 저 멀리 설산의 봉우리들이 구름인 듯 떠있다. 검푸른 밤하늘에 둥근달이 하얗게 빛나고 깊게 파인 계곡은 검은빛으로 나무의 모양 같기도 하고 사람의 웃는 모습 같기도 하여 동화 속의 달

모양을 떠오르게 한다. 자유로운 영혼의 동반자로 사자와, 저 하늘의 별과 달이 그의 위안이 되고 있는 듯하였다.

사막의 척박한 땅위에 누워 자고 있는 집시와 사자 한 마리.

싼마오의 《사하라 이야기》 표지화인 '앙리 루소'의 〈잠자는 집시 The sleeping gypsy〉는 착하고 순박했지만 외롭고 험난했던 그녀의 인생을 보여주는 듯하였다

싼마오, 三毛이니 털 세 가닥이란 뜻이 되겠는데, 한 가닥은 약하고 외롭고, 두 가닥은 조금 적은 듯싶고 세 가닥의 털은 서로 어울리고 꼬아서 예쁜 끈을 만들 수도 있겠다 싶어 그의 필명에 상상과 호감이 갔다. 본명은 천핑陳平이다. 중국에서 대만으로 이주했지만 학교 교육에 적응하지 못하고 가정교육을 받았다. 스물세 살부터 세계 각국을 떠돌아다녀서 '유랑인'이란 별명으로 불리며 꿈을 찾아 열정적인 삶을 살다 48세 젊은 나이로 스스로 세상을 등졌다.

내가 글이라고 쓴 것은 20대 시골 동진강가의 작은 학교에 근무할 때부터 붓을 들기 시작했다. 물론 문학적 작품이라고 논하기는 턱도 없는 글이었지만 아름다운 강과 파란 하늘, 더불어 때 묻지 않은 순수한 동심이 나의 붓을 이끌었다. 동시가 좋아서 '물새알 산새알'을 비롯한 동시 낭송회를 어린 제자들과 열기도 했다. 그럭저럭 사십여 년의 공직생활 동안 틈틈이 짧은 글을 적어왔고 그런 마음의 여운이 수필창작반에 몸을 담게 하였다.

어느 날 책 한 권을 선물 받았다. 그 무렵 동인 활동을 하면서도 글쓰기에 나의 재능의 부족한 것 아닌가 하는 회의에 빠져 있었다. 수많은 동인지와 쉽게 등단하는 세상에 대한 주변의 폄하, 그리고 '붓 가는 대로 쓰는 글'라는 수필에 대한 부당한 평가에 대한 세론에 혼란스러웠다.

한 권의 수필집을 엮었고 신인 작가가 되어 그렇게 한 십여 년이 흘렀다. 배울수록 수필의 매력에 흠뻑 빠져들었다. 목성균의 수필집을 읽고 수필의 서정성과 형상화에 푹 빠져 그의 글을 모두 찾아 읽고 다시 읽어 보았다. 시가 따로 없고 소설이 따로 없었다. 수필은 그 자체로 시도 되고 소설도 되었다. 손광성의 〈물소문진〉을 읽고는 그의 무한한 상상력에 같이 빠져들어갔다. 마치 한 폭의 동양화를 보는 듯하였다. 나는 금방이라도 잠영하던 녀석이 푸푸거리며 솟구쳐 오를 것 같은 느낌에 감았던 눈이 번쩍 떠졌다.

대가大家의 글을 읽다보면 어느 순간 글이 어려워지며 붓이 나가지를 않는다. 그들에게서 수필의 참 맛과 공감을 느끼면서 한편으로 내 글은 무엇인가 하는 자괴감에 젖어들기 때문이다. 하나의 원고를 완성하고 나면 글 한 편 완성했구나 하는 자부심과 만족감에 대견해 하게 된다. 며칠 후 다시 읽어보면 '무슨 말을 하려고 그러는데', '그래서 어떻다는 거지.' 하고 주제와 결미를 되돌아보게 되고 결국에는 '뭐야, 끝까지 읽을 수나 있겠어?' 하면서 나의 무딘 필력筆力에

힘을 잃게 된다.

자족하지 못한 원고를 탈고할 때면 조치훈의 말을 되새겨 본다. 1980년 일본기전 명인 이후 본인방, 83년 기성碁聖을 차례로 석권하여 일본 바둑을 평정했던 그도 "왜 그렇게 처절하게 두십니까?"라는 물음에 이렇게 대답했다.

"바둑 한판 이기고 지는 것, 그래봤자 세상에 아무런 영향이 없는 바둑, 그래도 나에겐 전부인 바둑이다."

수필을 쓰는 일이 감히 목숨을 걸고 쓰는 것은 아니지만 그래도 나에겐 전부인 수필이 되도록 노력하고 싶다.

글이 막힐 때, 삶이 시들할 때면 싼마오의 수필집을 다시 찾아 읽어본다. 자신의 독특한 체험을 바탕으로 쓴 자유롭고 발랄한 이야기에 입가에 저절로 미소를 짓게 되고 그의 글 속에서 세상살이의 작은 위안을 얻는다. 재미가 있기 때문이다.

〈사막의 중국반점〉에서 그는 남편 호세에게 '당면닭고기탕'을 만들어 주었다.

> 호세는 당면닭고기탕을 입에 퍼 넣더니 큰소리로 물었다.
> "어, 이게 뭐지? 중국스파게틴가?"
> "당신 장모님께서 만 리 밖에서 그런걸 보내시겠냐? 아냐."

"그럼 뭐지? 아무튼 더 줘, 엄청 맛있는데!"

나는 젓가락으로 당면 한 가닥을 집어 올렸다.

"이건 '비'야."

"비?" 호세는 어리둥절해 되물었다.

결혼 후에도 내 멋대로 살겠다고 작정해서 그런가, 말도 머릿속에서 떠오르는 대로 술술 흘러나왔다.

"이건 봄에 내린 첫 번째 비야, 높은 산에 내린 비가 한 줄기 한 줄기 얼어붙으면 고산족들이 잘 묶어서 등에 지고 내려와 한 묶음씩 팔아 곡주와 바꿔 마셔, 무지무지 귀한 거야!"

호세는 여전히 어리둥절해 있더니 무슨 연구라도 하듯 내 얼굴을 자세히 살펴보고 나서 그릇 속의 '비'를 들여다보았다.

당면을 먹을 때마다 나도 무지무지 귀하다는 봄에 내린 '첫 번째 비'를 들여다본다. 산을 감도는 연무 속에 내리는 비에서 향긋한 봄 냄새를 맡으며 싼마오의 고산족 마을로 상상의 날개를 펼치게 된다.

때로는 웃음을, 때로는 짙은 우수를, 어떤 글은 아찔한 위험과 스릴 넘치는 긴박감에 잠시도 눈을 떼지 못하게 하는 그의 《사하라 이야기》를 나는 사랑한다.

마음에 핀 꽃

문을 열고 들어서자 집이 조용하다. 거실 깊숙이 들어온 햇볕이 따뜻하다. 책상 위에 아내가 갖다 놓은 우편물이 놓여 있다. 보온병에 들어 있는 차를 따르며 우편물을 보았다. 가끔씩 오는 책과 공과금고지서 사이에 낯선 항공우편이 있다.

얼마 전 '서학동 사진관'에서 '나가사키의 바람을 타고 전주에'라는 그림 전시회를 한 요코 무라나가村永洋子 여사가 보낸 편지였다. 편지 겉봉에 눈이 한참이나 머물렀다. 이름은 붓펜으로 진하게 쓰고 주소는 검정볼펜으로 한자와 영어를 섞어서 또박또박 썼는데 글씨에 힘이 있고 짜임이 아름다웠다. 'JAPAN'과 'KOREA'는 붉은 볼펜으로 밑줄이 반듯이 그어져 있었다. 내 이름 앞에도 붉은 글씨로 "To : "라고 쓰여 있다. 글씨체가 정갈하고 아름다워서 그녀의 인품을 짐작하게 해주었다.

정확히 전달해 주기를 바라는 마음이 붉은 글씨와 반듯한 밑줄, 그리고 또박또박 적어놓은 주소에 묻어나 있었다. 발신인의 상세한 주소 밑에는 하늘색 항공 우편테이프가 붙어 있었다. 상단의 우표에 눈길이 머문다. 잔잔한 포구, 먼 바다에 십여 척의 돛단배가 떠 있고 부두에는 돛을 내린 범선들이 저녁의 붉은 노을 아래 푸른 바다를 배경으로 그려져 있는 고즈넉한 실경산수 그림우표였다. 그림을 훼손하지 않고 한쪽 끝을 살짝 물려 '신다이쿠마치' 소인이 선명하게 찍혀 있다.

휴대전화가 일상의 모든 연락을 하는 편리한 세상이다 보니 손으로 쓴 편지는 거의 받아볼 수 없게 되었다. 경조사 알림과 감사 인사도 문자 몇 줄로 대신하는 것을 볼 때면 바쁜 세상이라고는 하지만 사람 사이의 예의와 도리가 사라져 가는 것만 같아 삭막한 마음을 금할 수 없다.

요즘은 제대로 쓴 글씨도 보기 힘들다. 형체도 구분하기 힘들게 그림 그리듯 써서 알아보기 힘든 글자가 많다. 예부터 인물을 선택할 때 글씨가 표준이 될 만큼 중요시 했던 선비들의 정신은 찾을 길이 없다.

서체를 보면 그 사람의 성격을 알 수 있다. 글씨의 크기, 간격, 여백 등에 따라 단순하거나 섬세하거나, 열정적이거나 수동적인 성격을 짐작할 수 있다. 초임교사 시절에 악필로 고생을 하였다. 그때는 칠판에 학습내용을 요약해서 쓰고 그것을 공책에 적도록 하는 것이 일반적인 교수학습 방법이었다. 필체가 삐뚤빼뚤하고 제멋대로여서 지적도 받고 공문서 작성 때에도 윗사람의 눈치가 보였다. 여리고 숫기가 없는 내 마음이 글씨에도 그대로 나타났을 것이다. 펜글씨 책을 사다가 점선으로 써 있는 글자를 따라 쓰며 악필을 고치려고 노력하였다. 오랜 시간이 지나자 점차 글씨도 부드럽고 유연해졌다. 서예학원에 다니며 공부를 한 덕도 있겠지만 나이 먹고 세상을 바라보는 마음이 더 여물어진 탓이 아닐까 한다.

봉투를 열었다. 두 장의 그림엽서가 나왔다. 〈장마가 끝난 나가사키의 환경幻景〉과 〈바자르〉라는 요코 여사의 남편 아루오有留生의 그림이었다.

아루오는 2012년 작고했다. 이번 전주 전시회는 유작전인 셈이다. '서학동사진관'이라고 하는 작은 미술관에서 전시회가 열렸다. 문우인 나카무라 미코 씨가 팸플릿을 나누어 주며 행사를 알렸다. 그는 한일 문화교류센터에서 일하고 있다.

아루오가 향교의 양사재에 머물렀던 인연으로 해서 유작전이 이곳 전주에서 열린 것이다. 작은 골목 끝에 있는 한옥을 개조해서 미술관을 만들어 소박하지만 아늑한 공간이었다. 바닥과 벽을 들어내고 ㄱ자의 방과 이어 붙은 카페 한 칸이 전부였다.

작품은 대부분 10호 안팎의 소품이었다. 그가 좋아했던 남만南蠻의 여러 인물이 그려져 있었다. 라자스탄에서 그린 그림은 인물 위에 항상 붉은 태양이 뜨겁게 비추고 있다. 인도 북부지방 주州인 이곳의 인물이 강렬한 인상으로 묘사되어 있어서 자연스레 발길이 오래 머물렀다. 〈聖 우물을 지키는 영감〉, 〈농가의 딸〉, 〈재봉사〉의 인물들은 눈빛이 하나같이 형형熒熒했고 마른 얼굴에 긴 눈썹과 곧은 콧날이 가난하고 힘든 삶에도 굴하지 않는 강인한 인상을 풍겼다. 성스런 우물을 지키며 물을 길어 나누어주는〔水汲〕 노인의 뒤에는 커다란 태양에서 품어져 나오는 밝고 환하고 노란 빛이 광배인 듯 성스러운 느낌이 들었다.

편지에는 서툰 한글로 "감사합니다.", 일본어로 "ありがとうございます." 한문으로 "感謝, 感謝."라고 쓰여 있었다. 그날 마침 점심때라 요코 여사를 만나지 못하고 명함과 축하 케이크만 전하고 와서 일면식도 없지만 전시회를 보고 나서 그가 예부터 알던 친구인 듯한 느낌이 들었다.

편지를 보고 불현듯 내 친구 '예브게니'가 생각났다. 수년 전 꼭 이맘때 만추의 계절이었다. 러시아 음악대학 교수이자 기타리스트인 그가 교회 비전 센터에서 연주회를 한 일이 있었다. 커다란 덩치에 얼굴은 뻣뻣한 수염이 가득했지만 연주는 더없이 섬세하고 아름다웠다. 자작곡 〈천국의 문〉을 연주할 때는 부드럽고 빠른 트레몰로

주법으로 천국 가득 꽃이 피어나도록 현란한 솜씨를 빛냈다. 그의 기타연주에 흠뻑 빠진 나는 연주회가 끝나고 몇 마디 인사를 나누었다. 훌륭한 연주에 감사하다는 나에게 그는 "생큐 마이 프렌드"라고 하여 감동시켰다. 그 후 그와는 다시 만나지 못했고 앞으로도 그러겠지만 그가 건네준 아름다운 꽃은 아직도 내 마음을 뛰게 한다.

무라나가 아루오村永有留生, 그의 그림과 요코 씨의 아름다우면서도 힘찬 육필도 오래도록 내 마음에 꽃으로 피어 있을 것이다.

나의 구두 수선방

문이 닫혔다. 문 앞에 놓인 색 바랜 플라스틱 의자가 을씨년스럽다. 한 평 요량의 작은 구둣방에 알루미늄 셔터가 내려져 있고 작은 자물쇠가 주인의 부재를 말해주고 있다. 두 번째 방문에도 하릴없이 발길을 돌렸다.

권 씨는 길가의 구두 수선방 주인이다. 몸집이 당당하지만 허름한 입성인 그의 나이를 가늠할 수가 없다. 다만 희끗희끗한 머리와 두 줄로 깊게 파인 이마의 주름이 겪어온 세월이 적지 않았음을 짐작게 한다. 너저분한 그의 구둣방에는 시큼한 술 냄새가 있다. 호탕한 그는 경로 우대라고 구두 닦은 값에서 천 원을 깎아주어 나를 당황하게 만들기도 하였다. 그는 나의 스웨이드 구두 밑창을 갈아서 완전히 새 신으로 만들어준 사람이다.

서부시장의 구둣방 주인은 수선할 신발을 흘낏 보고는 “이 정도면 새로 사 신어야지 왜 고쳐요.” 하고 무안을 주었다. 내친김에 한참을 걸어 안과 치료를 받고 나오면서 눈여겨보았던 구둣방에 갔다.

“아무나 못 하지. 서학동 최 씨와 나밖에는 못해. 내가 새 구두로 만들어 주께.” 하며 큰 덩치에 어울리지 않게 눈웃음으로 내 마음을 다독여주었다. 그렇게 첫 대면을 하였었다.

‘혹시 몸이 아픈 것은 아닐까?’

좁은 구둣방 구석에 검은 비닐봉지에 싸여 있던 4홉들이 소주병과 안주로 쓰였음 직한 새우깡이 떠오른다. 문 옆에는 그의 크러치가 세워져 있다. 한쪽 다리가 무릎 아래로 없던 불편한 몸에다 술병들이 떠올라 더욱 불안한 마음을 키웠다. 그냥 사소한 일로 잠시 문을 닫았기를 바라고 발길을 돌렸다.

수선하려고 가져갔던 구두를 꺼내 신발장에 넣었다. 와인색의 여름철 구두다. 이 구두는 내 신발 중 가장 오래된 것이다. 십여 년은 족히 넘었다. 여름 한 철, 그것도 더운 날에만 잠깐씩 신다 보니 아직도 새 신이다. 보통 여름 구두는 손쉽게 공장에서 기계로 가죽에 구멍을 동그랗게 뚫어서 앞판을 댄다. 그런데 이 구두는 가죽을 가늘게 잘라 그것을 서로 엮어서 마치 우물 정井 자처럼 만든 것이다. 앞판에 매듭을 잡아 위 판과 옆을 손으로 일일이 엮은 것인데 가죽이 연하고 부드러운 송아지 가죽이다.

이 구두가 문제가 된 것은 나의 얇은 귀 때문이다 구두를 닦으러 들른 곳에서 뒷굽이 닳았다며 갈아야 한다고 했다. 뒷굽 한 마디에 생고무를 덧댄 튼튼하고 좋은 굽이란 말에 그리하였는데 오래 신고 있으면 뒤꿈치가 들려지고 발 디딜 때 딱딱하였다. 한여름 잠깐이니 그냥 신을까 고심하다가 구두수선은 자기가 제일이라는 권 씨의 손을 빌리려 한 것이다.

언제 다시 가게 될지 몰라 맨 위 칸에 넣었다. 옆에는 군인들의 전투화를 닮은 방한화가 있다. 속에는 따뜻한 털이 덧대 있어서 눈이 오거나 강추위를 할 때면 꼭 신는다. 1960년대 대학에 다닐 때는 미군이 신던 전투화의 긴 목을 끊어서 만든 '워커'를 신고 다녔다. 군인들의 신발이어서 튼튼하기는 그만이었고 어쩌다가 닦아서 물광을 내면 어느 신발보다 광이 잘 났다. 아래 칸에는 정장 때 신는 갈색의 금강 윙팁 구두가 있고 그 옆에 지금 신고 온 로퍼를 벗어 넣었다. 끈이 없는 로퍼는 편하게 입고 나갈 때 손쉽게 신고 나가는 신발이다. 가장 많은 사랑을 받는 신발이어서 자주 구둣방에 들러 깨끗이 닦는다.

잘 닦여진 신발을 보면 기분이 상쾌하다. 발걸음이 가벼워지고 머리까지 시원해지는 느낌이 든다. 구두는 사람의 성격을 말해준다. 깔끔하고 성실한 성격은 그의 구두를 보면 안다. 또 그 사람의 품격이기도 하다. 잘 만들어진 신발은 그 주인의 예술적 감각을 드러내

준다. 소유자의 경제적 여유도 엿볼 수 있다. 옷차림의 마무리는 신발에 있다는 것이 내 생각이다.

또 하나 내가 자주 다니는 구둣방은 시내 사람들 발길이 뜸해진 원도심의 작은 이차선 길 공터에 있다. 마치 구둣방을 지으라고 내놓은 땅처럼 4층 건물 옆 주택과 이어진 자투리땅에 들어서 있다. 주인은 주변 관공서직원들 구두를 닦아서 운영을 한다. 자그마한 체구에 피부도 깨끗하고 단정하다. 숱이 적은 머리지만 반듯하게 빗자국이 나 있어서 구둣방과 어울리지 않게 깨끗한 인상이다.

그는 하던 일을 멈추고 항상 나의 신발을 받아준다. 장갑을 낀 왼손이 어색하다. 일하는 모습을 보니 손이 오그라들어 펴지를 못하는 듯싶었다. 나의 시선이 불편할까 봐 문을 열고 밖으로 나와서 끝나기를 기다렸다. 검은색 승용차 한 대가 멈추었다. 흰색의 원피스에 생머리를 한 젊은 여자가 구둣방으로 들어갔다.

"아빠, 돈 되었어요?"

"응……."

열려진 문틈으로 지폐를 움켜쥔 조막손이 보였다.

'어떤 급한 집안 사정이라도 있는 것일까?' 구둣방 한편의 오래된 자전거에 눈이 갔다. 짐받이에는 구두를 싣고 다니는 플라스틱 우유상자가 실려 있다. 그 돈의 값어치를 딸이 더 잘 알겠지 하고 나의 어설픈 염려를 접는다. 신발을 신고 나서는 나에게 그가 일어서서 인사를 한다. "살펴 가십시오." 일상에서도 받기 힘든 과분한 공대恭待다. 구둣방에 있는 반려견 치와와가 큰 눈을 들어 나를 바라본다. 아무 근심이 있을 리 없는 그의 눈망울이 선하다.

베란다에 있는 화분에 풍란이 피었다. 자세히 살펴보니 연둣빛 스펀지 같은 뿌리가 돌에 한 몸인 듯 딱 붙어 있다. 돌을 더듬어 올라가는 촉수가 손끝처럼 탱탱하다. 두터운 잎 사이로 꽃대가 올라와 분홍빛 꽃송이 두 개를 매달았다.

호접란 밑에 허전한 틈을 메우려 이끼를 채우고 심어져 있던 것이다. 꽃이 진 후 버리기 아까워 수석의 한편에 놓아두었었다. 그동안 무심히 지내다가 꽃이 피어서야 눈길이 갔다. 심지도 않고 그냥 던져두었던 난이 스스로 뿌리를 뻗고 꽃까지 피운 것이다. 나의 구두 수선방에 크러치와 조막손이 연둣빛 촉수가 되어 그들의 꽃을 피우기를 바라본다.

2부

청자사발에 내린 꽃

그린월드

1. 발밑도 보지 못하면서

어제보다 날씨가 덜 더웠다. 열대의 하늘은 구름의 모양이 예술작품 같다. 뭉게구름으로 피어올라 뭉쳤다가 바람에 흩어지면서 갖가지 모양과 색깔을 보여준다.

태국의 방콕에서 북서쪽으로 400여 킬로미터 떨어진 해발 1000m의 칸차나부리로 떠난 사흘째, 그린월드cc의 7번 홀에서다. 아름드리나무가 잎도 없이 높이 솟아있었다. 두어 걸음 떨어져 바라보다가 가까이 가보았다. 죽은 것일까 하고 줄기를 만지다 보니 붉은 개미가 수도 없이 많이 줄지어 올라가고 내려오고 있었다.

"앗, 불개미다." 하는 순간 벌써 발등에 타고 오르고 손등에도 두어 마리가 붙었다. 발밑의 개미떼들을 밟은 것이다.

"앗, 따거."

비명과 함께 십여 미터 멀리 도망쳤다. 발등의 개미를 보이는 대로 잡고 문질렀다. 어느새 목덜미와 손목의 토시 틈새까지 들어간 개미는 아마도 나무 위에서 공격 명령을 받고 낙하해서 침투한 녀석들이었을 것이다. 그러고도 십여 분 뒤까지 양말 속에서 나오고 팔 토시 속에서도 나오고 이곳저곳이 따끔거렸다. 피부가 약한 나는 큰 고통을 당하지 않을까 걱정이 되었다. 당황해 하는 나를 보고 캐디는 웃으며 "괜찮아, 병 안 나." 하며 킥킥 댔다. 하지만 붉고 큰 눈에 사나운 입을 가진 불개미가 내 몸 속을 헤집고 다니는 듯하여 팔뚝을, 다리를, 사타구니를 다시 한 번 문지르고 털고 법석을 떨었다. 개미부대의 행진을 겁 없이 막아선 대가를 톡톡히 치렀다.

"이봐, 털 없는 원숭이. 네 발밑에 밟힌 동료가 얼마인지 알기나 해? 제 발밑도 보지 못하면서 고개만 뻣뻣하기는……."

불개미의 위용과 용감함, 당찬 호령에 무조건 항복하였다.

2. 쌩

쌩, 그는 아내의 캐디였다. 길고 복잡한 태국식 이름을 줄여 우리는 그렇게 불렀다. 실제 나이는 얼마인지 모르지만 열대의 태양에 타서 그런지 검은 얼굴에 이빨도 빠져서 중늙은이처럼 보였다.

첫 홀 드라이버 샷을 할 때 가장 먼저 할 일은 공을 올려놓을 티tee를 꽂는 일이다. 그는 티 박스에 앉아서 티에 공을 놓고 드라이버의 그 높이를 맞추었다. 너무 높으면 공중으로 볼이 뜨고 낮으면 땅으로 데구르 구르기 때문에 티 높이는 중요한 요소다. 이어서 목표지점인 홀 컵 방향을 따라 바르게 설 수 있도록 주위의 나뭇가지를 주워 방향을 살짝 표시해주고 두 손으로 드라이버를 잡아 손잡이를 아내 쪽으로 돌려 잡기 쉽게 내밀었다. 마치 신하가 여왕에게 홀을 드리는 듯 공손하였다.

모든 것이 이와 같았다. 공이 떨어진 곳에 가서 공을 주워 반드시 깨끗이 닦아 좋은 위치에 놓는데, 던져 놓지 않고 소중한 물건이라도 되는 듯 가만히 풀 위에 내려놓았다. 사실 이것은 규정 위반이지만 잔디 급수를 위해 물을 뿌리고 있어 흙이 묻었고 친선 게임이므로 탓할 사람이 없다. 그리하지 않는 것이 캐디 복이 없는 것이다. 홀 컵이 있는 그린에서는 잔디의 결과 경사도를 살펴 공이 지나가야 할 길목을 손으로 정확히 짚어서 일목요연하게 안내를 하여 주었다. 공은 신이 내린 듯 매번 정확히 홀 컵 속으로 빨려들어갔다.

그리하여 기상천외한 일이 일어나고 말았다. 초보자인 아내가 나보다도 좋은 성적이 나온 것이다. 그는 다른 누구에게도 신경 쓰지 않고 자기 직분과 직업의식에서 본분에 충실했다. 행색은 초라했지만 학식도 있고 무심한 듯 무표정한 얼굴이 비굴하지 아니하였다. 동반자인 친구와 부인도 부러움과 칭찬을 아끼지 않았다. 나의 캐디 '로이'는 또 다른 캐디와 무어라 떠들면서 어서 라운딩이 끝났으면 하는 표정이었다. 캐디 중에는 드물게 붉은 루주를 바르고 분단장을 하였건만 하나도 예쁘지 않았다.

같은 일을 하는 데도 이렇게 다를 수 있다니.

3. '아, 이런…….'

먹기 위해 사느냐? 살기 위해 먹느냐? 옛날 1960년대 '데칸쇼' 철학이 유행하던 때 회자되던 말이다. 나는 '먹기 위해 산다.'에 기꺼이 한 표를 던진다. 이곳 골프 리조트 식당 풍경이 나의 결심을 더욱 굳게 해 주었다.

5시 30분부터 아침 식사시간이다. 하지만 식당이 문을 연 지 얼마 지나지 않아 벌써 1번 홀에 긴 줄이 서 있다. 건강상 아침을 안 먹는 사람이 많다고는 들었지만……. 골프장을 가로질러 콰이강은 티박스 앞을 유유히 흐르건만 근면하고 투지 넘치는 한국인은 강물의 여유 있고 유연한 흐름에는 무관심하기만 하다. 대부분 육칠십에 가까운 노인네들인데 새벽같이 일어나 순식간에 아침을 먹고 활기차게 나선 모습이 '백세 시대'란 말이 실감이 난다. 나는 6시가 지나 식당으로 내려왔다. 밖은 아직도 어둠이 가시지 않고 강변의 물안개까지 끼어 희뿌옇다. 스피커에서는 전투에 나서는 군인을 격려하는 듯이 〈쌍두 독수리 깃발 아래서〉, 〈워싱톤 포스트 마치〉 등의 씩씩한 행진곡이 흘러나온다.

한국인이 운영하는 이곳은 뷔페식당이다. 사람에 따라 기호가 다르겠지만 나는 뷔페를 싫어한다. 우선 음식의 명확한 정체성이 없다. 한식, 양식, 일식, 중식에 요즘은 동남아의 쌀국수까지 모든 음식이 모여 잡식을 이룬다. 또 하나는 먹은 음식의 양을 파악할 수 없고 한 가지씩만 맛보다가도 어느새 적정량을 초과하여 항상 과식하게 된다. 또 음식을 가져오며 나가며 하는 부산함에 식사에 집중할 수가 없다. 감식甘食을 즐거움의 하나로 치는 나에게 빨리 먹는 식사는 곤혹스럽다.

기둥을 보니 '음식물 반출금지'라고 붙어 있다. 식당에 외부음식을 가져오거나 간식거리 요량으로 가져가는 일이 많아서 붙여 놓은 것일 게다.

"어휴, 아줌마들 극성은 말도 못해. 과일이 가득 있었는데 벌써 다 떨어졌어."

"그래서 뷔페는 안 좋다니까." 앞에 선 여자들이 짜증을 냈다.

후식으로 주섬주섬 과일을 담았다. 몇 안 남은 옥수수도 네 쪽을 들고 왔다. 가뜩이나 부른 배에 다 먹기가 버겁다. 남은 두 개를 방으로 가져와 냉장고에 넣으려 문을 열었다. 전에 식당에서 가져온 작은 바나나 두 쪽이 시커먼 모습으로 비닐에 싸여 있다.

'아, 이런…….'

나는 누가 볼세라 바나나를 허겁지겁 먹어 치웠다.

겨울 햇빛에 기대어

자갈이 깔린 신작로를 지나 샛길로 들어서면 외가가 있었다. 외갓집 대문 앞을 돌아 흐르며 마을 앞 논을 적시던 도랑물에서 동네 아낙들은 빨래를 했다. 빨래터 옆의 아름드리 왕버들 두 그루는 옛 모습 그대로 그 자리에 서 있다. 내가 아주 어렸을 때 도랑물에 빠진 나를 누군가 버드나무 근처에서 건져 주었다는 말을 생각하며 나무에 눈길을 한 번 더 주었다.

지금은 쭉 뻗은 4차선의 아스팔트 포장길이 마을 앞에서 근처 산업단지까지 이어져 있다. 암탉과 병아리가 종종거리고 다니며 농구가 가득하던 외갓집 마당에 흐린 햇빛만 내려앉았다. 현대식으로 고쳐 놓은 한옥이 아담하다. 외할머니와 어머니의 흔적을 찾을 수 없는 집이지만 애잔한 마음 한 자락이 마당에 잠시 머물렀다.

외가를 지나 서둘러 어머니의 묘가 있던 곳으로 향했다. 제법 넓은 들을 가로질러 큰길이 났다. 물이 잘박한 곳에서 마른 갈대가 푸석푸석 바람에 흔들렸다. 야산이라고 하기엔 낮은 언덕을 넘었다. 질퍽한 흙이 신발에 묻었다. 어머니가 처음 누우셨던 곳 가까이 갔다. 양지바르고 조용한 곳이다. 우리 선산이 아닌 외진 곳이기도 하고, 외가에서 그 전답을 물려받은 사촌이 어머니 묘 턱밑까지 밭을 일구고 묘목을 심어서 이장을 지체할 수가 없었다.

나는 어머니 얼굴을 모른다. 한 장 남아 있는 사진에서 따온 초상화가 서재의 벽에 걸려 있을 뿐이다. 철이 들면서 어머니의 얼굴이 궁금했다. 내 뿌리를 확인하고 싶었다. 내 얼굴에 어머니의 모습이 있는지, 스무 살 무렵의 어머니가 보고 싶었다.

이리저리 수소문 끝에 두 사람이 찍은 사진 한 장을 구했다. 두 사람 중에 누가 우리 어머니인지 고모님께 여쭈어 보았다. 하도 오랜 시간이 지나서 고모도 금방 알아보지 못하셨다. 기억을 더듬어 어머니를 찾아내 초상화를 그렸다.

가지런히 빗은 머리, 달덩이같이 둥근 얼굴, 도톰한 코와 귀…….
반달눈썹이 곱다. 입가에 잔잔한 미소를 머금고 있는 어머니, 살짝 쌍꺼풀 진 눈매에 내 눈매가 있는 듯하다. 아무리 봐도 복스러운 얼굴인데 그렇게 떠나셨다니. 어머니의 사진을 볼 때마다 마음에 시린 바람이 지나간다.

내가 세 살 때, 할머니의 말씀이니 만 두 살일 것이다. 어머니는 폐병으로 정월 초사흗날 친정인 '수계리' 외딴 방에서 쓸쓸히 숨을 거두었다. 당시 폐결핵은 전염성이 강하고 치료가 어려운 병이었다. 명절 끝에 서둘러 장례를 치르고 한 마장쯤 떨어진 야산의 밭둑에 묻혔다. 발병했을 때는 물론 장례 때도 당신 곁에 오지 못하게 하여 다섯 살, 두 살의 어린 자식들에게 병이 옮지 않게 막았다.

가끔 추석에 아버지는 우리 형제를 데리고 외가를 찾았다. 큰 대문 옆에 두 칸의 사랑채가 있고 헛간이 있었다. 안채는 전형적인 세 칸 기와집이었는데 부엌 뒤로 한 칸을 이어서 광으로 썼다. 큼지막한 붕어 모양의 주물 자물쇠가 늘 채워 있었고 곡식과 마른 생선이며 육포, 계란 등 부엌살림이 잘 간수되어 있었다. 길쭉한 ㄱ자 모양의 자물쇠는 외할머니의 허리춤에 늘 매달려 있었다. 남쪽 담 밑에 우물이 있었고, 장독대 옆에는 봉숭아와 맨드라미가 피고 졌다.

외할머니는 특히 우리를 반가워하며 예뻐 하셨다. 도시 학교에서 공부를 잘하는 것이 외할머니의 자랑이었고 제 어미를 닮아 얌전하고 착하다는 것도 할머니의 기쁨이었다.

어머니는 순할 순順, 여자 여女를 썼다. 윗마을 '상구정'에 초가를 짓고 책만 읽으시던 외할아버지가 아이의 성품을 보고 지으신 이름이다. 어머니는 시아버지, 그러니까 나의 할아버지 병간호를 하다 감염이 되었다. 지금도 내가 이해할 수 없는 일이 있다. 왜 할머니가 간병을 하지 않고 어린아이들이 딸린 어머니께 맡기셨는가 하는 것이다. 그리고 정작 할아버지는 완쾌가 되었는데 왜 어머니는 치료를 못 했는지 모를 일이다.

당시에 아버지가 공무원이었던 우리 집안 살림이 어렵지 않았다. 설령 우리 집 형편이 안 된다 해도 친정에서라도 도움을 받을 수 있지 않았을까. 외가도 50여 마지기의 논과 적지 않은 밭을 가지고 있는 탄탄한 살림이었다. 그런데 왜 젊은 어머니를 잃고 말았는지, 뚜렷한 대상을 알 수 없는 원망이 오랫동안 마음속에 자리 잡고 있었다. 그런저런 이야기를 할머니 살아계실 때 여쭤보지도 못했고, 회한만 남았다.

아버지는 우리를 데리고 산소에 가면 선산으로 어머니를 모셔야겠다며 곧 내일이라도 이장을 하실 듯이 말했다. 천성이 호탕하고 낙천적인 아버지는 우리가 장성하여 직장을 가지고 가정을 꾸릴 때까지 '언제 윤달이 들었으니 이장을 하자.' 하며 같은 말을 되풀이하곤 했다. 이장이 아무나, 아무 때나 하는 일이 아니라서 내 나이 쉰이 될 때까지 그 말을 믿고 미루었다.

시골학교 교장으로 발령이 났을 때다. 마침 동네 사람들 중에 산일을 많이 한 사람이 있다기에 그를 만나 이장의 절차와 방법을 물었다. 그리 어려운 일도 아니고 경비가 많이 드는 것도 아니었다. 아버지와 형님께 어머니 산소 이장을 해야겠다고 말했더니 이의가 없었다. 환청처럼 들었던 어머니의 목소리가 마음에 남아 있기도 해서 내가 나서서 서둘렀다.

윤년에 손 없는 날을 잡았다. 한식이 지난 다음날 간단한 제물을 놓고 토지신께 고하였다. 다들 이런저런 사정 때문에 나 혼자 지켜볼 수밖에 없었다. 돌아가실 때도 이장할 때도 외롭기만 한 어머니께 청주 한 잔을 올리고 엎드려 절했다.

중장비를 댈 것도 없이 삽으로 납작해진 봉분을 헐었다. 목관은 이미 썩어 없어지고 나무의 실뿌리가 뻗어 들어온 묏자리에 백골이 나타났다. 깨끗이 육탈이 된 유골을 한지에 수습했다. 그때, 햇빛에 반짝하며 손바닥만 한 유리가 드러났다. 일꾼을 제치고 급히 나서 챙겨 들고 흙을 닦았다. 어머니의 거울이었다. 손잡이며 둘레의 나무는 썩어 흔적도 없고 뒷면의 칠도 다 벗겨진 투명한 유리알이었다. 스물여섯 어린 새댁의 유품이었다. 누가 챙겨서 넣었을까. 고운 어머니의 살결처럼 유리는 흠집 하나 없이 깨끗하였다. 얼굴을 비춰볼 수 없는 거울이 슬펐다. 거울 어디쯤에 남아 있을 어머니 얼굴조차 그려볼 수 없었다. 맑은 유리 조각이 눈물 같은 이승의 삶마저 승화시킨 어머니의 마음인가 싶었다.

혹 유품이 더 있지 않을까. 참빗이나 비녀도 같이 넣지 않았을까. 이리저리 조심스레 바닥을 파보아도 아무것도 없었다. 나무로 된 것은 모두 삭아 없어진 탓일 게다. 남아있는 유골을 수습해 얼추 형태를 맞추었다. 당신이 누워 있던 바닥의 흙을 한 줌 걷어 한지에 쌌다. 이십여 년을 보낸 친정의 추억을 가져가야만 할 것 같았다.

당신이 간호했던 시아버지, 그리고 시어머니인 나의 할머니 옆에 유택을 만들었다. 굴삭기로 땅을 파 올릴 때 돌 한 조각 없이 부드러운 자색의 가는 모래가 올라왔다. 세월이 가도 고운 모습으로 남아 있는 어머니에게 어울리는 자리였다. 다시 옮겨온 자리에도 햇볕이 따뜻하게 앉았다. 외가 야산에서 가져온 흙을 먼저 뿌렸다. 그 위에 관을 놓고, 파낸 흙을 한 줌 또 한 줌 관 위에 뿌렸다. 부드러운 흙의 감촉이 가슴까지 전해 왔다. 어머니의 손이, 어머니의 젖무덤이 이리 곱고 부드럽지 않았을까.

나는 젖을 먹은 기억이 없다. 그래서인지 젖을 먹는 어린아이를 보면 그리 예쁠 수가 없다. 민망한 일이지만 쉽게 눈을 떼지 못한다. 젖을 물고 있는 아이의 한 손은 어머니의 등을 붙잡고 다른 한 손은 다른 쪽의 젖꼭지를 만지작거린다. 혓바닥을 젖꼭지 밑에 받쳐 물고 빤다. 실컷 먹고 나면 그제는 입술로 꼭지를 물고 장난을 하는 듯 보인다.

금방 흙이 덮이고 봉분이 만들어졌다. 일꾼이 맨 위의 네모난 뗏장 하나를 뒤집어 놓았다. 저승길의 노잣돈이 필요하단다. 일꾼들의 수고비로 가욋돈이 되겠지만 그러면 또 어떤가. 어머니도 애써 일한 사람들에게 고마운 마음으로 듬뿍 주라고 했을 터이다. 이제 시집의 영혼으로 돌아와 이생의 일을 모두 잊고 저승에서 화목하게 지내실 어머니께 다시 술 한 잔을 올리고 이장을 마쳤다.

자식은 나이를 먹어도 부모 앞에서는 어린 새끼다. 마냥 어미 품이 그립다. 동물의 자식 사랑은 헌신적이다. 종족 보전의 원초적 본능으로 목숨을 내건다. 연약한 물새의 자식 사랑은 처연하기까지 하다. 천적이 나타나면 새끼를 보호하기 위해 부상당한 척 하는 의상행동을 한다. 다리를 절뚝거리고 한쪽 날개를 펴서 땅에 끌며 천적이 자기를 향하도록 유도를 하는 것이다. 이렇게 자신의 목숨을 내걸고 천적에 대항하는 어미를 단지 종족 보존의 본능에서의 행동이라고만 말할 수 있겠는가. 그런 어머니가 내겐 없었다.

교직에 승진하여 교장 강습을 받던 때였다. 저녁 식사를 하고 교정을 거닐었다. 지난날들이 주마등처럼 지나갔다. 만 이십 세에 처음 교직에 들어섰다. 철없는 어린 선생이 오직 열정만으로 중학교 입시지도도 하였고 공부를 잘하는 것만이 인생을 성공하는 것이라 믿고 가르쳤다. 세월이 흘러 자식을 낳고 키우면서 가르치는 아이들도 마냥 사랑스러웠다.

이십 년 넘게 근무하면서 승진을 향한 꿈도 품게 되었다. 경력이 쌓이면서 현장연구 대회에 나가서 전국대회에 입상하기도 하고 각종 연수를 받고, 승진 후보자가 되었다. 정말 기뻤다. 직위가 무슨 대단한 것이 아니겠지만 교장이 된다는 것은 기분 좋은 일이었다. 혼자 웃음이 나오고 '나 이렇게 승진했소.' 고함치고도 싶었다. 하지만 어디 내놓고 어리광 부리듯 자랑할 곳이 없었다.

가을이 여물어 가고 있었다. 연수원 캠퍼스 너머 끝없이 펼쳐진 들녘의 황금빛 벼들은 소슬바람에 무거운 몸을 추슬렀다. 교정의 감나무도 나뭇잎을 떨구고 있었다. 단풍이 곱게 물든 나무 위로 석양이 붉게 내려앉았다. 나는 처연한 마음으로 고개를 들어 하늘을 보았다. 그때였다.

"아이고, 내 새깽이 장하다."

등을 두드리며 속삭이는 음성이 들린 듯하여 나도 모르게 뒤를 돌아보았다. 아무도 없었다. 그런데 가슴속이 뭉클하고 따뜻해져 왔다. 기쁨을 같이하러 내 어머니가 오신 것이 틀림없었다. 돌아선 채 노을 속에 오래 서 있었다. 내 어머니의 손을 붙잡으려고.

어머니 산소를 둘러 본 날, 울컥 목울대를 밀고 올라오는 덩어리 하나를 삼켰다. 내가 걸어온 걸음마다 어머니가 함께하셨음을 안다. 그날 캠퍼스에서 들었던 어머니의 목소리도 아직 가슴에 남아 있다. 어머니 없는 세월의 굽이를 돌아 석양 길에 선 아들을 보는 어머니의 마음도 이제 편안하실 것이다. 잠깐 무덤에 기댔다. 잔디 위로 퍼지는 겨울 햇빛이 따뜻했다.

염치와 자릿값

주일날 아침이다. 일요일이지만 평일과 다름없이 똑같은 시각에 일어나고 아침식사를 한다. 오히려 단장丹粧까지 마치려면 조금 더 서둘러야 한다. 면도를 하고 로션을 바르고 옷을 입은 뒤 다시 거울을 본다. 일주일 만에 하나님 앞에 나가면서 허튼 모습을 보일 수는 없다.

서둘러 달려간 예배당에 내 자리가 비어있다. 이름표가 붙어있는 것은 아니지만 꼭 그 자리로 발길이 향한다. 평안한 마음에 기도를 드린다. 나의 소망과 가족에 대한 이런저런 바람까지 하다 보면 하나님께 주시기만 바라는 내 손길이 무안하여 서둘러 감사하다는 말로 끝을 맺는다.

전에는 수요 밤 예배에도 참석하고 직책을 맡아 봉사하느라 주일을 바쁘게 지내던 때가 있었다. 정확한 수입의 십일조는 아닐지라도 월급날이면 상응한 금액을 노란 십일조 헌금 봉투에 넣기도 하였다. 이 정도면 하나님이 이해해 주시지 않을까 하는 얄팍한 마음에서다.

퇴직하고는 세상의 일에 열정이 없어진 만큼 교회의 일에도 멀어지게 되었다. 하나님 말씀대로 살지 못하는 일상을 되돌아보면 직분을 맡거나 봉사에 나서서 일을 하려는 용기가 없다. 지나온 세월의 무게만큼 성전을 오르는 다리에도 힘이 없다. 그게 삶의 순리라고 생각하지만 나의 육신이 더더욱 초라해진다.

교회에서 한 달에 한 번은 차 없는 날이 있다. 대중교통 이용을 활성화하고 기사에게 전도와 홍보도 하자는 취지일 것이다. 교회까지 걸어가면 삼십 분 정도 걸린다. 집 앞 큰길의 버스정류장에는 수시로 교회 옆을 지나는 시내버스가 있다. 그런데도 걷기는 더웁다거나 매연이 심하다거나 해서 피하게 되고 버스는 예배시간이 촉박하다는 이유로 오늘도 승용차를 타고 나와 사설 주차장에 주차를 했다. 예배 후 '오늘은 주차비를 주어야지.' 하고 걸어가는데 뒤따라온 딸애가 교회주차권을 내민다. 대중교통 이용의 날이라는 것을 깜박 잊었다는 말에 하릴없이 받고 만다. 주일마다 하나님이 주차비까지 내주시다니 죄송하고 민망하다.

어느 날 메일을 한 통 받았다. 일주일에 한 번 만나는 동아리에서 그가 나의 일상을 알 리가 없다. 더구나 내가 하나님께 철부지처럼 생떼를 쓰는 기도를 드린다는 것과 연봇돈도 안 내고 빈손으로 예배를 드리는 날이 많다는 것은 더욱 알 수가 없을 것이다. 그런 그가 어찌 알고 그랬는지 자기가 쓴 〈염치와 자릿값〉이라는 글을 한 편 보내 왔다.

하나님께 해드린 것이 없는디
무슨 염치로 이것저것 달라고 허겄냐
그저 불쌍히 여기사 자식들 건강 줍소사, 그 말만 허지

구경하는 자리에도 자릿값이 있는디
성전에 먼지 털고 옴서
어찌 그냥 나온다냐
긍게 주일날 연보는 쪼매라도 허는겨

성경가방도 짐이 된다는
어머니 예배당 가는 길
그림자도 쉬어간다

자릿값도 못 하고 성전에 먼지만 털고 온 나의 잃어버린 염치와 그림자를 뒤돌아본다.

어쩌려고

"딩동."

핸드폰 화면에 편지 모형이 떴다.

"LG 공기청정기가 결제되었습니다. 결제대금은 135만 원입니다. 예정대로 배송하겠습니다."

잠시 후 메시지가 또 왔다.

"결제내용을 확인하시려면 02-685-****로 연락하시기 바랍니다."

연락처에는 파란 밑줄이 쳐져 있어서 클릭하면 바로 연결되도록 되어 있었다. 궁금증이 일었다. 공기청정기를 살 일이 전혀 없을 것이라고 짐작을 하면서도 파란 줄이 쳐진 연락처로 손길이 가려고만 한다. '결제가 되었다고? 누가, 언제 샀냐?'며 따져서 확인해야만 시원할 것 같았다.

숨을 한 번 쉬고 화면을 닫았다. 이것은 피싱 문자이니 지워 버려야지 하고 화면을 열고 메시지를 보다가 다시 겁이 났다. 둔한 손으로 잘못 누르면 확인이 돼서 결제가 되는 것은 아닐까. 지난번에도 문자를 다른 사람에게 잘못 보내서 취소도 못 하고 당황했던 기억이 떠올랐다. 두근거리는 가슴을 다독이며 살며시 화면을 닫았다. 가방에 넣고 내내 핸드폰을 꺼내들지 않았다.

저녁에 근처에 사는 딸애를 불렀다. 큰딸은 메시지를 지우고 스팸 방지 애플을 깔아주면서 분홍색 화면은 스팸 전화이니 모르는 번호는 받지도 말고 절대 열어보지 말라고 하였다. 그 후에도 화면이 분홍색으로 뜨면서 보험가입이나 대출권유를 하는 전화가 자주 와서 아예 모르는 번호는 받지 않았다.

모교 개교 백주년 기념식에 갔다가 서울에 사는 학창시절에 절친했던 친구를 만났다.

"야, 반갑다. 너 이민 간 줄 알았다. 왜 전화를 그렇게 안 받냐?"

변명도 못 하고 더듬거리는 나를 해외여행을 자주 가는 팔자 좋은 사람인 줄 아는 친구도 있었다. 놀란 가슴 때문에 뜻밖의 오해를 받고 말았다.

연일 신문의 사회면이 뜨겁다. 전 남편을 수면제를 먹여 살해한 삼십 대 여인의 사건이 세상을 발칵 뒤집어 놓았다. 무엇보다도 시신과 범행현장을 감쪽같이 흔적을 없애서 온갖 루머가 떠돌았다. 그녀의 의붓아들까지 질식사 시킨 것으로 드러나 또 한 번 경악하게 하였다. 정치권은 장관 한 명의 사퇴를 놓고 나라가 들썩였다. 티브이와 라디오도 똑같은 사실을 놓고 보수와 진보의 방송이 서로 다르게 보도를 하고 있었다. 무거운 마음에 이후로는 뉴스를 보지 않고 있다.

모처럼 본 영화 〈조커〉는 폭행과 살인, 피가 튀는 잔인한 내용이었다. 어릴 적의 학대와 정신질환, 사회의 냉대가 그를 그렇게 만들었다고 하지만 그로 인해 무고한 사람이 복수의 대상이 되는 일은 이해가 안 되는 내용이었다. 〈기생충〉, 〈82년생 김지영〉 모두 천만 관객을 동원한 영화였지만 사회를 가진 자와 덜 가진 자, 남자와 여자로 굳이 고착해서 선과 악으로 구분 지어야 하는가 하는 생각에서 마음이 어두웠다.

머리를 식힐 겸 천변을 걸을 요량으로 차를 타고 나섰다. 둑의 외진 곳에 주차를 했다. 오른쪽은 패널 대여소로 목재가 높이 쌓여있고 왼쪽에는 나무가 심어져 있었다. 웃옷을 벗어 운전석에 걸쳐놓고 핸드폰도 핸들 앞 거치대에 올려놓았다. 그날따라 날씨도 좋고 한 시간 정도 걸을 것이니 가볍게 차림을 하였다. 여름을 빠져나온 서늘한 바람이 얼굴을 스친다. 빠른 걸음으로 지나가는 젊은이의 풋풋함이 나의 열정을 깨운다. 뒤떨어지지 않게 그를 따라 걷는다. 살짝 이마에 땀이 맺혔다.

잘 포장된 둘레길을 걷고 나서 운동기구가 있는 곳에서 스트레칭을 하는데 저만큼 내 차를 들여다보는 사람의 모습이 보였다. 거리가 상당히 떨어져 있어 분명치는 않지만 선팅이 된 유리창 안을 손으로 빛을 가리고 유심히 보는 모습이 이상하였다. 순간 '차량절도범인가? 차 속에 지갑과 핸드폰이 있는데.' 생각이 들자 가슴이 뛰었다. 급히 차 있는 곳으로 걸어갔다. 무어라 소리를 쳐야 하는데 나오지가 않았다. 인기척을 느낀 그가 아무 일 아니라는 듯이 아래의 하천 길로 내려갔다.

우선 차부터 살폈다. 옷과 핸드폰은 그대로 있었다. 사내는 저만큼 걸어가다 멈춰 서서 지팡이를 휘두르며 운동을 하는 양했다. 휙휙거리는 소리는 마치 나를 향해 휘두르는듯 하여 섬뜩했다.

나의 눈길을 느꼈는지 그도 나를 올려다보았다. 쏘아보는 눈길에 등으로 한줄기 차가운 바람이 일었다.

"이건 흉악범이 양아치 한 명 죽인 사건이에요. 남이 나를 괴롭히면 열 배로 갚아줍니다."

한강에서 몸통만 발견된 살인 사건의 피의자, 모텔 종업원이 한 말이 떠올랐다.

자기를 무시한다며 알바 생을 팔십여 번이나 칼로 찔러 잔인하게 죽인 젊은 주인의 말도 맴돌았다. 서둘러 그 자리를 떴다.

어린 내가 잘못할 때면 할머니는 항상 이렇게 말씀하셨다.

"그러면 못쓴다. 죄로 간다."

그때 우리들은 죄를 지으면 하늘이 벌을 내린다고 어른들에게 훈육을 받고 자라왔다. 법을 몰라도 도덕과 규범만으로도 안전한 세상이었다. 그런데 어쩌려고 이렇게 핏발 선 세상이 되어가는 것일까.

청자사발에 내린 꽃

벚꽃이 만개했다. 아름드리 벚나무들은 땅에 닿을 정도로 늘어진 가지에도 한껏 꽃을 매달고 있고 푸른 하늘로 쭉 뻗은 울울한 가지에도 수많은 꽃들이 매달려 있다. 어디 빈곳에 더 매달 수 없이 피어 있다. 멀리서 보면 흰 면사포를 쓴 신부와 같고 다가가 보면 붉은 빛이 얕게 드리운 처녀의 상기한 얼굴과도 같다.

나무 밑에 서 본다. 늘어진 가지의 꽃이 내 머리에 내려앉는다. 꽃잎을 입에 물어보니 살짝 물기가 있다. 뱉기에는 아까운 얇은 꽃잎 하나를 삼킨다. 움직일 수 없다. 나도 작은 벚꽃이 되어 한 무리가 된다. 눈을 감았다. 가슴으로 벚나무에 흠뻑 젖는다.

나고야는 초행길이다. 매년 일본을 잠깐씩 여행을 한 지 10여 년이 되었고 최근에는 에어텔 형식의 자유여행으로 오키나와, 도쿄 등을 다녀오기도 했다. 이번에는 나고야 한 곳에서 벚꽃 축제에 참여하기 위해 나흘 일정으로 머물렀다.

저가 항공사는 기내식이 없다. 물만 무료로 제공되고 모든 것을 돈을 주고 사야 한다. 점심때를 훨씬 지난 두 시에 주부(中部)공항에 도착하여 돈가스를 먹었다. 바싹하게 튀겨진 돼지고기를 먹기 좋게 한 입씩 썰어 먹었다. 내내 공복 상태에서 꾸르륵거리던 배가 음식을 반긴다. '그래, 이 맛이야.' 남의 음식에 젓가락을 섞을 일도 없이 개인별로 나온 음식을 천천히 먹으면서 맛을 음미한다. 공항이면 대부분 잠시 스쳐 가는 뜨내기손님들일 텐데도 음식에 배어있는 정성과 솜씨가 느껴진다.

고기를 먹고 밥을 먹었다. 하얀 쌀밥에 윤기가 자르르 흐른다. 밥만 먹어도 씹을수록 고소하다. 이런 밥은 수저로 듬뿍 떠서 먹는 것이 아니라 젓가락으로 살포시 떠서 입안에 넣고 꼭꼭 깨물어 보아야 한다. 밥을 넘기기 전에 침을 한 번 삼켜서 그 고소함을 목젖에 닿게 넘겨야 한다.

일본은 서양의 문물을 일찍 받아들였어도 자기들 나름대로 개발을 해서 또 다른 일본 양식洋食을 만들어냈다. 돈가스가 그렇고 샌드위치가 그렇고 카레가 그렇다.

일본 음식은 처음 볼 때는 양이 좀 적다고 생각되어도 한입씩 먹다 보면 딱 소화에 적당한 양이다. 배불러서 거북스럽지도 않고 그렇다고 허기를 면치 못할 정도의 양도 아니다.

첫날 저녁부터 "이것만은 꼭 먹고 가야 돼요." 하며 일본을 잘 아는 문우가 요리 하나를 강력히 추천했다. 일인분에 삼만 육천 원 정도의 고급요리로서 일본인이 가장 좋아하는 장어요리 정식인 '하츠마부시'다. 그렇지만 좋은 음식은 마지막 날 먹어야 그동안 안 좋았던 음식이나 일들을 잊게 된다고 권하니 모두 그리하자 하였다. 간편한 음식으로 우선 정했다. 덮밥이다. 소고기를 얹으면 소고기 덮밥이요, 회를 얹으면 회덮밥이다.

다음날은 도쿠가와 성城의 벚꽃축제 마지막 날이었다. 성루를 보고 점심은 나고야의 유명한 '키시멘'으로 했다. 앉을 자리가 없어 우동 그릇을 들고 서서 먹는 사람도 적지 않았다. 모두 불평 없이 오로지 면 자체의 맛을 즐기고 육수를 호로록 마신다.

나고야는 일본에서 네 번째로 큰 도시라 한다. 옛날 일본 전국시대 도쿠가와 이에야스德川家康가 일본을 통일하고 통치하던 곳이었다. 도쿠가와는 이곳에 성을 지었고 정원을 만들어 오늘날 많은 사람들이 찾는 관광명소가 되었다. 개인 정원이었던 도쿠가와 엔園이 인상 깊었다. 넓은 정원은 옛 막부시대로 돌아간 듯 엄숙하고 작은 동산과 연못, 곳곳에 흐르는 실개천에 야생화와 벚꽃이 만개하여 한 폭의 그림인 듯 아름다웠다.

마지막 날 저녁에 호텔에서 10여 분을 걸어 나고야 역에 있는 장어요리 전문점을 찾았다. 나고야 역에는 마츠자카야 백화점도 있고 유명브랜드의 상가가 끝없이 이어져 있다. 미로 같은 길을 찾아서 '우나기'라고 쓰여 있는 장어집에 도착했다. 상호가 인상적이다. 원 모양이 그려져 있다. 언뜻 동그란 원인 듯싶었는데 시작되는 곳을 자세히 보면 뭉툭하게 머리 모양이 있고 조금 옆으로 자그마하게 귀인 듯 먹물이 번지고 갈수록 가늘어진 것이 장어의 웅크린 모습이다. 벌써 20여 명의 손님이 앉아 기다리고 있다. 종업원이 나와 주문을 받으며 40분 정도 기다릴 수 있겠는가 묻는다. 어떻게 찾아온 곳인데……. 시간이 지날수록 앞쪽으로 옮겨 앉는 것이 곧 먹을 수 있다는 희망과 줄어든 사람을 세어 보는 재미도 있어 지루함 없이 기다리다가 안내를 받아 안으로 들어갔다.

옻칠을 한 밥그릇에 청자 사발이 덮여져 나왔다. 사발을 열 때 보았다. 그 겉면에 새겨진 벚꽃의 문양이 하루 내 보았던 수천수만의 꽃송이 되어 소리 없이 장어 위로 내려앉는 것을.

먹는 법을 설명해 주었다. "삼등분으로 나누어 청자 사발에 덜어서 우선은 그냥 장어의 맛을 보고 삼분의 일은 밥과 장어를 와사비와 파를 섞어 비벼서 먹습니다. 마지막 삼분의 일은 양념 육수에 말아서 먹어보십시오."

장어 한 점을 먹어보았다. 약간 달달한 맛에 고기가 연하기 그지없다. 벚꽃 잎의 맛도 이러했지 않나. 부드러운 살이 씹히면서 양념과 어우러져 달착지근하게 혀에 달라붙었다. 그냥 그대로 먹어도 되겠지만 비벼서 밥과 함께 먹어보았다. 한입 가득 들어간 밥과 장어 한 점이 씹을수록 고소하다. 다들 조용했다. 장어가 우리들의 말을 빼앗아갔다. 결국 가다랑이 육수에 밥을 말아서 다 먹자 "맛있다."는 말이 터져 나왔다.

음식이란 단순히 생명을 유지하기 위한 영양섭취를 위한 방편이 아니다. 같은 재료에도 맛을 내기 위해 노력하고 온갖 정성을 기울이니 음식은 그냥 먹거리가 아닌 하나의 예술품이다.

좋은 음식을 대하면 마음이 경건해진다. 음식을 잘 먹기 위해서는 하나의 의식儀式이 필요하다는 생각도 들었다. 감사히 잘 먹겠다는 기도와, 음식 하나하나 재료의 특성과 조리법을 생각하며 맛있게 먹는 태도야말로 섭생과 공양, 그리고 예의가 모두 어울린 의식이 아닐까 한다. 벚꽃무늬 청자 사발에 쏟아져 내린 꽃들의 향기가 입안 가득 되살아났다.

소소한 맛

세상에는 아무 맛이 없는데도 맛이 있다고 하는 것이 있다. 우뭇가사리를 끓여 만든 한천寒天이 그렇다. 한여름 더위에 지칠 때면 시원한 그 맛이 그리워 일부러 시장바닥을 뒤져 한천을 사다 먹는다. 우무를 가늘게 채 썰어 오이채를 넣고 식초로 알맞게 간을 한 우무냉국을 먹지만 사실 별다른 맛이 있는 것은 아니다. 그래도 외식이 잦아 양념 진한 음식들만 먹다 보면 개운한 맛의 한천이 생각나곤 한다.

또 하나 내 입맛을 끌어당기는 것은 배추 뿌리다. 옛날, 학교 운동장 뒤편의 은행잎이 노랗게 물들기 시작할 때면 막걸리 한잔이 그리워 그냥 집에 가지 못했다. 동학년 교사들은 누가 뭐라 할 것도 없이 교문 앞에 모여서 버드나무골목의 선술집으로 막걸리를 먹으러 갔다. 내가 처음 배추 뿌리 맛을 안 것은 이 선술집에서다.

주모는 항상 우리를 반겼다. 점잖은 선생들이었고, 외상술이 대부분이었을 때 월급날이면 노란 월급봉투를 들고 꼬박꼬박 와서 외상값을 갚으니 최고의 단골이었을 것이다. 술은 당연히 막걸리밖에 없는 것으로 알았지만 자칭 술꾼이라고 하는 사람은 주모의 특별한 배려로 '모리미'라는 독한 주정을 한잔 맛보기도 하였다. 맥주잔에 소주를 가득 부어 마시고 굵은 소금을 집어 입가심을 하는 호기 있는 주당도 있었다.

나물이며 간단한 국물이 기본 안주로 나오고 막걸리 주전자가 늘어날수록 주모는 특별한 안줏거리를 하나씩 만들어 술맛을 돋우었다. 철에 따라 자잘한 황석어黃石魚가 구워져 나오기도 하고 병치회도 나왔다. 연탄불에 노릇노릇 구워진 황석어를 머리를 잡고 등뼈만 추리고 뼈째 꼭꼭 깨물어 먹으면 고소한 맛이 절로 술을 불렀다. 또 깻잎에 붉은 고추 한 점, 마늘 한 쪽, 병치 한 점을 싸서 먹는 맛은 가난한 시절 큰 호사였다.

먹성이 소탈하지 못한 나는 남들이 좋아하는 이런 귀한 안주를 마다하고 삶은 번데기나 집어 들고 입가심을 하였다. 그때 내 입맛에 맞는 안주는 배추 뿌리였다. 반 뼘 요량의 둥근 배추 뿌리를 얇게 썰어 설탕물에 살짝 절여 약간의 단맛이 났다. 사실 딱딱하고 아무런 맛이 없는 안주였다. 그런데 한 점 들고 깨물다 보면 맛없는 맛에, 맛이 있는 듯도 하여 다시 또 먹게 되었다.

김장 날 시내 변두리에 있는 처가에 갔다. 대문 밖 텃밭에 김장거리가 자라고 있었다. 당시의 배추 품종은 경종京種이 으뜸이었다. 포기가 작고 갖이 두꺼웠지만 쉽게 무르지 않고 보관성이 좋아서 땅속 항아리에 묻어두기로는 제격이었다. 지금은 배추 한 통이 수박만 하고 부드러운 노란 속이 꽉 차있지만 예전의 배추는 일일이 윗동을 볏짚으로 묶어주어야만 둥그렇게 오므라 들고 속도 익었다.

경종은 뿌리가 크고 알찼다. 큰 것은 한 뼘 요량이나 자라고 통통했다. 먹을 것이 부족했던 그때에 튼실한 뿌리를 가려서 챙겨 두었다가 간식으로 먹었다. 김장 마당에서 배추 뿌리 하나를 맛있게 먹는 사위를 본 장모는 다음날 깨끗이 다듬은 배추 뿌리를 한 봉지나 보내왔다. 내가 도시로 이사 온 뒤로도 김장철이면 한동안 이것을 잊지 않고 보내왔다. 배추가 개량되어 경종을 찾아볼 수가 없게 되어서야 나도 그 맛을 잊었다.

김치냉장고가 나오고 배추 품종도 개량되어 배추통은 커지고 뿌리는 작고 가늘어서 이제는 배추 뿌리를 찾을 길이 없다. 그런데 어느 날 로컬 푸드에서 이 귀한 것을 만났다. 아내 말로는 음식점에서 쓰기 위해 특별히 계약 재배한 것으로 뿌리를 먹기 위한 종자가 따로 있다는 것이었다. 아내나, 가끔 친정에 들르는 딸아이나 입에 대지도 않아서 나 혼자 여러 날을 간식으로 먹었다. 단것을 싫어하는 나에게 간식으로 이만한 것이 없다. 먹다 보면 서너 쪽에 포만감이 와서 궁금했던 입도, 마음도 느긋해진다.

맛이 아주 없는 것은 아니로되 나의 기호를 끄는 것으로는 단무지가 있다. 무로 만든 모든 것을 좋아하는 나로서는 또 다른 무의 변신인 단무지를 빼놓을 수 없다. 사람들은 '다꾸앙'이라고 하여 일본 음식으로 치부하거나 김밥의 재료 정도로 경시하지만 우리 집은 예부터 단무지를 담가왔다. 내가 좋아하는 단무지는 물기가 쪽 빠진 졸깃한 단무지다. 이렇게 만들려면 무를 담그기 전에 말려서 물기를 빼야 한다. 꼬들꼬들해진 무를 깨끗이 씻어 쌀겨와 치자물, 소금에 버무려 켜켜이 넣고 돌로 눌러 오래 숙성을 시킨다. 노란 물이 잘 밴 단무지를 꺼내 그대로 먹어도 좋고 고춧가루를 살짝 뿌리고 참기름이나 매실 효소에 버무려 밥에 비벼 먹어도 좋다. 입속에서 아삭거리는 소리도 예쁘다.

요즘은 단무지용 무를 구하기가 어렵다. 시장의 단골 배추장수에게 부탁해도 몇 년째 구하지를 못했다. 그래서 더 그립고 아쉽다. 굳이 생각이 나면 대형 마트에서 '치자 단무지'라고 해서 비슷한 맛의 단무지를 사온다. 이것을 다시 물에 씻어 간기를 좀 빼고 꼭 짜서 식탁에 올려 입맛을 달래본다.

고기도 아니요 진귀한 것도 아닌 것들의 소소한 맛을 즐기는 나의 입맛을 나도 설명할 수가 없다. 그래도 나에게는 송로버섯이나 캐비어, 푸아그라보다 살갑고 입맛을 돋운다. 본 적도 없고 가격은 엄청

나게 비싼 이런 진귀한 재료로 음식을 만들었다 한들 그것으로 배가 부르고 먹는 즐거움을 얼마나 누릴 수 있을까. 한때의 높은 지위와 재물이 한갓 헛된 거품이듯이 겨우 한두 번, 아니 평생 먹어보지도 못할 것을 탐하느니 오랫동안 길들여 오고 내 주위에서 흔히 볼 수 있는 작은 것에서 나오는 맛을 탐하겠다. 그것이 사라져 간 추억 속의 맛으로 간직된다 해도.

빨간 옷

이것인가 저것인가 선택을 고심할 때가 많다. 살아가는 일은 항상 선택의 연속이기 때문이다. 아침 식탁에 어느 반찬에 젓가락이 먼저 갈 것인지 망설여진다. 그러나 멈칫했던 손은 자연스럽게 김치나 무생채로 간다. 고기보다는 채소를 선호하게 된다. 그래야 입안이 개운하고 식욕이 돋는다. 인간은 잡식성 동물이지만 내 몸은 분명 초식동물에 가깝다 할 것이다.

그렇다고 고기를 전혀 안 먹는 채식주의자는 아니다. 세월이 지나면서 식성도 바뀌어 간다. 가끔은 몸이 고기를 부를 때가 있다. 육즙이 자르르 흐르고 노릇하게 구워진 소고기의 부드러운 식감을 싫어하지 않는다. 알맞게 삶아진 두툼한 수육 한 점을 통통한 육젓에 찍어 입에 넣을 때 포근하게 깨물어지는 맛을 어찌 마다하겠는가. 영양을 보충한 듯 속이 든든하고 건강해진 느낌을 받는다.

대부분은 자녀나 손주들이 오는 날 고기를 먹을 때가 많다. 그럴 때면 동네의 골목길에 있는 푸주에 들른다. 현대식으로 정육점이란 명칭이 있지만 오래전부터 익은 푸주가 나에게는 더 정답다. 옛날 푸주에는 큰 도마와 용도에 따른 크고 작은 식칼이 있고 한편에는 큰 덩어리 고기와 뼈를 다듬는 둥그런 허리 높이의 나무통이 있었다. 주문한 고기는 어림짐작으로 뭉텅 잘라서 신문지에 둘둘 말아 주었는데 껍질에는 뻣뻣한 검은 털이 드문드문 박혀 있었다.

시골 정류장에서 버스를 기다리다 보면 푸줏간은 주인 친구들이 와서 늘 북적거렸다. 실없는 농담도 하고 막걸리를 먹으면서 갈고리에 걸린 돼지 다리의 생고기를 칼로 얇게 잘라 소금에 찍어 먹던 모습이 생생하다. '어떻게 생고기를…….' 하는 나의 생각과는 달리 그만 먹으라는 주인의 말에 "죽은 뒤 부조하려 하지 말고 한 점이라도 더 주라."는 농담으로 한바탕 웃음이 퍼졌다.

골목길 고깃집 주인은 막내딸 또래의 젊은이인데 손자의 이유식용 고기를 사러 가서 그도 돌 지난 첫딸을 두고 있는 것을 알았다. 그래서인지 '아버님'이라는 호칭도 자연스럽게 들렸다.

예전에는 거세를 하지 않고 돼지를 기르는 일이 많았다. 대부분 집에서 부업으로 남은 음식찌꺼기나 쌀겨 등으로 길렀다. 그러다가 점차 재래종 검은 돼지가 사라지고 성장이 빠르고 질병에 강한 요크

셔종 흰 돼지가 주류를 이루었다. 무성한 흰 털에 육중한 몸매, 마치 단추를 박아놓은 듯 무표정한 두 눈이 정이 안 갔다. 누린내도 훨씬 심했다. '둘둘둘' 하며 마당을 돌아다니고 막대기로 등을 긁어주면 애완용처럼 짧은 꼬리를 흔들던 예전 먹돼지와는 사뭇 달랐다.

명절 때면 으레 마을에서 돼지를 잡아 팔았고 사람들은 대부분 고기 몇 근에 쌀 얼마로 계산해서 외상으로 가져갔다. 그런 날은 마당에 솥을 걸고 선지며 내장, 순대 등을 삶아 작은 잔치가 벌어지기도 했다.

푸주의 젊은이는 항상 붉은색 셔츠를 입고 있다. 해병대 제복인가 하고 바라보니 양 가슴에는 스포츠카의 이름이 붙어 있다. 자동차 경주 스태프들이 입는 제복이다. 명찰이 가슴에 달려 있고 어깨에도 낯익은 방패 문양의 포르쉐 엠블럼이 붙어 있다. 그 모습이 산뜻하다. 붉은색은 고기를 더욱 신선하게 보이게도 한다.

주문한 고기를 그는 용도에 맞게 손질을 한다. 기본적으로 겉에 붙어있는 기름을 발라내고 구이에 맞게 넓적넓적하게 잘라서 주기도 하고 찌개용으로 작게 끊어 주기도 한다. 집에서 달리 손질할 필요가 없게 깔끔하게 마무리한다.

들어오는 손님에게 큰소리로 활기 넘치는 인사를 하면서도 그의 칼질은 능숙하다. 손바닥만 한 크기에 얇은 두께로 다듬어진 구이용 고기가 한편에 반듯이 쌓여간다. 스포츠머리로 짧게 깎은 그의 얼굴에 눈길이 머문다. 다소 야윈 듯한 모습에 광대뼈가 살짝 드러난 건조한 얼굴은 고깃집 주인답지 않다. 벽에는 빳빳하게 각을 세워 잘 다려진 또 한 벌의 붉은 셔츠가 세탁소 비닐을 덮고 걸려 있다.

궁금증을 참다가 하루는 왜 제복을 입고 있는지 물었다.

"무언가 단정한 모습과 전문가라는 것을 보여 드려야겠다 싶어서요."

"전문가?"

"고기는 제가 전문가죠."

예전에 도축하는 것을 본 기억이 떠올랐다. 사체의 피를 받고 내장을 꺼내고 머리를 잘랐다. 사각을 뜨고 갈비를 추려내고 뼈를 바른다. 아무나 할 수 있는 일이 아니다. 뼈의 구조와 근육과 힘줄의 이음, 살과 부속 위치를 해부학적으로 잘 알아야만 할 수 있는 일이다. 제복을 입고 일을 하면 고객에게 믿음을 줄 수 있을 거라고 덧붙인 그의 말에 일에 대한 애정과 긍지가 느껴졌다.

그는 아직도 푸주에 대한 기억과 직업에 대한 고지식한 관념을 갖고 있는 나의 머리를 신선하게 씻어주었다.

"훌륭한 생각이시."

고개가 저절로 끄덕여졌다. 처음 가게를 열 때는 나이 든 사람이 한 명 더 있었다. 얼굴이 비슷하니 아마 형제가 아니었을까 싶다. 무언가를 알려주고 주거니 받거니 도란거리며 일을 분담하여 다정히

일하던 모습이 보기 좋았는데 어느 정도 자리를 잡았다 생각했는지 요즘은 혼자 일을 한다.

이번 설 명절에는 사돈집 선물까지 해서 고기를 많이 주문하게 되었다. 사람들의 눈과 마음은 비슷하다. 고객들이 밀려들어 직원 세 명이 일을 하고 있었다. 내가 주문한 고기를 준비하는 동안 가게 벽면을 둘러보았다. 전에는 그냥 건성으로 보던 액자를 자세히 보았다.

"신세계축산을 찾아주셔서 진심으로 감사해요.

항상 위생적이고 맛있는 것으로만 우리 손님께 드리고 싶은 게 앞의 빨간 옷을 입은 사람의 마음입니다."

매직으로 휘둘러 쓴 글씨에 소박한 마음도 그대로 나타났다. 이어진 내용은

"때로는 맛이 없을 때도 있을 테지요.

손님께서 너그러이 용서해 주시고 저에게 말씀해 주세요. 손님께서 이용해 주시는 신세계축산에 도움이 됩니다.

제가 조금 더 바짝 신경 쓰고 노력하겠습니다."

그냥 고기 집으로 알았던 가게의 이름도 알게 되었고 열정熱情의 제복을 입고 그가 우리를 위해 바짝 신경 쓰고 있다는 것에 마음이 흐뭇하다. 전문가의 손길을 차에 싣고 가게를 돌아본다. 뿌연 실루엣 속에 고개를 숙이고 칼질에 여념이 없는 그의 빨간 옷이 유난히 선명하다.

그녀의 눈물

그녀는 귀를 의심했다.

"농담이죠?" 웃으며 물었다.

"아닙니다." 경기위원은 스코어카드 오기誤記로 인한 2벌타까지 추가됨을 알렸다. '쿼트러플 보기'를 범해서 3타차 선두에서 5위로 추락했다.

그녀가 참지 못하고 눈물을 흘렸다. 넓게 펼쳐진 잔디도 그 푸르름을 잃었고 저 멀리 보이던 메마른 회색의 산줄기만 눈앞으로 다가왔다. 수많은 관중이 침묵했고 모든 것이 잠시 멈추었다.

미국 여자프로 골프(LPGA) 2017년 첫 시즌 메이저 대회인 ANA 인스피레이션 마지막 날, 날벼락 같은 소식을 들은 것이다. 이제 여섯 홀만 지나면 나흘간의 경기가 끝나는데. 전날 파 퍼트에서 공을 다시 놓을 때 실제 위치가 아닌 곳에 놓고 퍼팅을 한 것이 벌타 사유였다. 마크 앞에 2.5cm 정도 홀에 가깝게 놓아서 골프경기규칙 20조를 위반한 것이었다.

남몰래 눈물을 훔치고 경기에 집중하고자 하는 모습이 애처로웠다. 본인이 전혀 의식하지 못한 짧은 거리가 이토록 엄중한 현실로 다가올 줄 몰랐다. 프로 선수로서는 있을 수 없는 실수를 한 것이다.

경기에는 규칙이 있다. 그것을 존중하고 지킴으로써 떳떳한 우승자가 된다. '그까짓 2.5cm 좀 가까이 놓으면 어때. 어차피 가까운 거리라서 누가 해도 들어갈 텐데.'라고 우리는 쉽게 생각한다. '신호등 좀 안 지키면…….' '휴지 좀 내버리면…….' 하는 안일한 생각들이 습관적으로 규칙을 위반하고 떳떳하지 못한 승자를 만든다.

렉시 톰슨은 경기 위원의 말에 곧바로 승복하고 경기에 몰두했다. 마음을 추슬러 버디 세 개를 하며 선두를 따라잡고 경기를 연장전으로 끌고 갔다. 그러나 거기까지였다. 승리의 여신은 끝내 톰슨의 눈물을 외면했다. 연장 첫 홀에서 패배하여 유소연에게 우승을 내주고 만 것이다.

톰슨은 승자를 껴안고 등을 두드리며 축하했다. 승자의 캐디, 그리고 그녀를 도와준 캐디와도 축하와 감사의 인사를 했다.

유소연 선수도 눈물을 흘렸다. 물론 기쁨의 눈물이었다. 60개 대회 연속 컷 통과, 상금과 평균 퍼터 수 1위이였지만 2011년 이후 무관으로 보낸 세월과 1등만 기억하는 세태에 대한 한을 쏟아내는 눈물이었다.

그러나 승자인 그녀도 오만하지 않았다. 주먹을 무섭게 쥐고 포효咆哮하지도 않았고 트로피를 머리에 이고 춤을 추지도 않았다. 승리의 순간 두 손을 맞잡고 잠시 눈을 감았을 뿐이다. 나의 기쁨도 중요하지만 패자에 대한 배려도 중요하다. 승리는 한순간일 뿐 영원한 승자는 없는 법이다. 더구나 상대는 불운에 우는 선수가 아닌가. 그녀의 겸손과 배려는 렉시 톰슨의 아픈 마음을 다독여 주었을 것이다.

렉시 톰슨, 그녀가 눈물 지을 때 나도 눈시울이 붉어졌다. 그녀가 무의식중에 홀에 가깝게 공을 놓았듯이, 살아오는 동안 나도 모르게 저지른 잘못이 얼마나 많았을까. 작은 이익도 놓치지 않으려고 하고 좀 더 큰 것을 내 앞으로 놓으려 했던 탐욕이 한두 번이었겠는가. 그녀는 규칙에 승복하고 벌타를 받았지만 나는 정의에 승복하고 새로운 마음으로 더욱 분발한 일이 있었던가. 모든 일이 운명이라거나 남의 탓으로 돌리고 나의 허물은 덮어 버리며 살지는 않았는지 그녀의 눈물 앞에서 되돌아본다.

고백告白

‘부르르’, 진동이 울리면서 벨소리가 들린다. ‘받아야 하나?’ 잠시 망설이다 전화기를 꺼냈다. ‘010’ 하고 이어지는 뒤 번호가 모르는 번호다. 연락처에 올라있지 않아서 이름도 뜨지 않았다. 가슴이 뛰었다. 혹시 내 차를 산 사람일까. 다행히 중고차 매매상의 이름이 뜨지 않은 것을 보니 그는 아니다.

내 차가 조금씩 말썽을 부린 것은 일 년 전 일이다. 아침에 첫 운행을 시작해 5분 정도 지나면 엔진 출력이 갑자기 떨어지고 매연이 나왔다. 잠시 멈칫멈칫하다가는 언제 그랬냐는 듯이 잘 나갔다. 정차했다가 다시 운행을 해도 아무 이상 없이 하루 내 잘 다닐 수 있었다. 괜찮은가 하고 한동안 잊고 있으면 갑자기 똑같이 말썽을 부렸다. 두어 번 더 이런 일로 서비스 센터에 가서 부품을 갈고 손을 보았다. 며칠 전에 또 매연을 쏟아내며 말썽을 부렸다. 시커먼 매연이 배기통에서 나오는 것을 사이드미러로 바라보며 마음을 굳혔다.

평소 마음에 두었던 자동차 영업소를 갔다. 세단형과 SUV를 견주다가 그동안 타고 다녔던 SUV에 익숙해서 그것으로 견적을 받아 왔다.

갑작스런 소식에 큰딸이 왔고 견적서를 보여 주었다. 다음날, 사위가 다른 영업소에 가서 받아온 견적서는 옵션을 포함하고도 차량 가격이 조금 더 저렴하였고 딜러가 해주는 혜택도 여덟 가지에 블랙박스 용량과 선팅의 자외선 차단율까지 자세히 명시되어 있었다. 딜러가 하라는 대로 그대로 견적서를 받아온 세상물정 어두운 나는 차 구입에서 손을 떼었다. 사위가 나서서 계약을 하고 서둘러서 보름 후 차를 출고하기로 하였다.

내가 타던 차도 새로운 영업소 딜러에게 맡겨 처분케 하였다. 사위가 근무 중에 나올 수 없어서 내가 매매를 할 수밖에 없게 되었다. 다음날 중고차 매매상이 와서 차를 감정하기로 하였다. 약속 시각에 주차장에 내려가니 이미 두 명의 젊은이가 차 옆에 서있었다. 단정하게 자른 머리에 캐주얼한 복장으로 한눈에도 깔끔하고 강단 있게 보였다. 벌써 그들은 차 외관을 모두 검사하였고 내부만 보면 된다고 하였다. 시동을 걸고 계기판을 살피고 창문과 좌석의 움직임, 그리고 창틀의 고무 파킹까지 벗겨서 내부를 살펴보았다. 엔진룸을 열어보고 연료필터를 최근에 교체한 것도 확인하였다. 타이밍벨트를 갈았냐고 해 2년 전에 갈았다며 차계부에 기재된 것도 보여 주었다. 그러고도 그들은 이것저것을 꼼꼼히 살펴보았다.

'이럴 때 매연이 확 나오는 것은 아닐까, 시동이라도 꺼지면…….' 별별 안 좋은 상상을 하며 면접시험을 보러 가서 시험관 앞에 선 사람처럼 마냥 가슴이 뛰었다.

"차, 잘 타셨네요."

뜻밖의 평가에 가슴을 쓸어내렸다.

이왕이면 좀 더 잘 보여야겠다 싶어 타이어도 간 지 얼마 안 된 새것이라는 내 말에 이미 다 보아서 알고 있다고 했다. 그러면서 백 명 중에 두서너 명 있을 정도로 차를 잘 관리했다는 말에 나는 얼굴이 빨개졌다.

"아니, 저……."

예상치 못한 과찬에 하마터면 '어쩌다가 아침에 말썽을 부릴 때도 있다.'는 말을 할 뻔했다.

"감사합니다." 그들은 극진히 고개를 숙였다. 소문에 의한 중고차 핀매상의 야바위 판 인상이 머릿속에 있던 나는 그들의 진심 어린 정중한 인사에 미안해져 얼굴이 붉어졌다.

그리고 다음날 예정가격보다 십만 원을 더 주겠다며 매매서류 항목을 알려 왔다. 내 차를 잘 아는 카센터에서의 가격보다 좋은 가격에 차를 팔고도 그날 밤 평소와 달리 쉽게 잠들지 못했다. 무언가 나쁜 짓을 하고 난 뒤같이 께름칙하여 머리가 맑지 못했다. 잠을 설쳐 머리가 무겁다는 내 말에 큰딸은 무엇이 걱정이냐, 그들이 전문가인데 오죽 알아서 했겠냐며 심간 편한 말을 했고 아내까지 별 걱정을 다 한다며 가볍게 말하는 것이었다. 한층 연약해진 내 모습에 집안의 대주로서 체모만 구기고 말았다.

며칠 뒤 차는 떠났다. 예의 그 젊은이는 또 깍듯하게 절을 하고 차에 올랐다. 차는 내 맘을 아는지 모르는지 엔진 소리도 부드럽게 미끄러지듯 시야에서 멀어져 갔다. 십 년을 같이한 친구였지만 붉은 후미등만 작별 인사인 양 살짝 보여주고 모퉁이를 돌아 사라졌다. '다 끝났어, 잊어야지.' 나는 팔려는 차에 기름도 넉넉히 채워 놓았었다. '내비게이션도 최신형인데 그냥 주었잖아. 그리고 퓨마 선글라스도 깜박 잊고 글러브 박스에 놓아두었고.' 내 맘을 다독이려 이런 저런 사설을 늘어놓았다.

다음날 오전 내내 불안하였다. 만일 말썽을 부렸다면 아침 첫 출발에 예열이 덜 되어 말썽을 부릴 것이기 때문이다. 어젯밤도 발을 뻗고 자지 못해 뒤숭숭한 머리는 온통 전화기에 신경이 쏠렸다. 열한 시쯤 벨이 울렸다. 이름이 없다.

"어제는 아무 일이 없다가 드디어 말썽이 난 것일까." 가슴은 두방망이질을 쳤지만 다시는 벨이 울리지 않고 하루가 지났다.

다음날 다시 열한 시쯤 벨이 울렸다. 삼십 분 뒤에 다시 벨이 울렸다. 아까 그 번호다.

'올 것이 왔나 보다. 무어라 말할까. 말싸움을 할 수도 없고……,' 순간 머릿속에 수많은 생각이 오갔다.

'그래, 무어라 하면 그냥 전화를 탁 끊어야지. 다 끝난 일이잖아.' 나는 마음을 단단히 먹었다.

"여보세요."

"여기 자동차 용품사인데요. 신차 하이패스등록 때문에 인증번호를 받아야 하는데 왜 전화를 안 받으세요."

"……."

나의 애를 태웠던 자동차 사건의 전후 사정을 듣던 친구 녀석은 고백告白이 다 끝나기도 전에 한마디했다.

"너 지금 몇 살이냐?"

아직도 나는 세상살이에 서툴다.

불청객

예고도 없이 찾아왔다. 요 근래 한 삼 년 동안 아무 기색이 없더니 긴가민가 하는 사이에 왔다. 무더위도 한풀 꺾이고 이제 막 찬바람이 일어서 숨을 좀 쉬고 살겠구나 했더니 스멀스멀 코가 간지럽고 간간이 재채기가 나왔다. 어깨가 묵직하고 근육통도 있어서 동네 병원에 갔다. 젊은 의사는 감기라며 약과 주사를 처방해 주었다. 아주 넉넉하게 일주일 분을 받아서 약이 묵직했다. 한동안 잊고 있어서 나도 그냥 감기인 줄만 알았다.

처음 불청객을 만난 것은 십여 년 전 시골에서 근무하던 때였다. 학교 한쪽 모퉁이에 작은 텃밭이 있었다. 봄부터 재미 삼아 푸성귀를 키웠다. 도시에서 나고 자란 내가 농작물을 재배한 것은 처음이었다. 씨를 뿌리면 어김없이 싹이 나는 것도 신기하고 신선한 상추며 쑥갓을 뜯어다 먹는 것도 별미였다.

운동회가 끝나고 바람이 한결 서늘한 무렵이었으니 처서가 지났을 때일 것이다. 하루는 돌담 쪽으로 잡초가 무성하게 자라서 뽑으러 들어섰다. 근처 어디쯤엔가 더덕을 심어 놓은 기억이 나서다. 맨손이었다. 풀쯤이야 잡아당기면 힘없이 뽑히겠지 하고 안이하게 생각했다. 무릎쯤 자란 풀들을 뽑기 시작했다. 고개를 숙이고 엎드려 풀을 뽑고 있는데 갑자기 재채기가 나왔다. 연이어서 줄줄 묽은 콧물이 쏟아졌지만 이게 그렇게 내 몸을 괴롭히는 단초가 되리라고는 생각도 못했다. 밤새 재채기며 콧물에 시달리다 병원에 갔다. 감기라며 처방을 해 주는데 약을 먹으면 그때만 잠시 그칠 뿐 시간이 지나 약효가 떨어지면 다시 원점으로 돌아갔다. 이 병원 저 병원을 전전하며 근 한 달 넘게 약을 수도 없이 먹었다. 때로는 항생제 처방도 있었고 코에 뿌리는 비말액도 있었다. 그러다 찬바람이 불고 날씨가 서늘해지면 그만 어느 사이인가 증상이 사라졌다.

매년 여름 끝자락이면 고생을 해오다 한번은 코가 막혀 응급실까지 간 일이 있었다. 누우면 콧물이 나오고 숨을 쉴 수가 없었다. 눈이 붓고 입이 마르고, 머리는 지끈거려 참을 수가 없었다. 잠을 자다 나온 당직의사는 코 막힌다고 응급실을 왔냐며 짜증 섞인 소리를 했다.

내과와 이비인후과를 오락가락하던 나는 대학병원에서 나와 개업을 한 이비인후과를 찾아갔다. 고교 후배인 그는 전후사정을 듣고 비강 사진과 충혈된 나의 눈까지 살펴보더니 '알레르기 비염'이라 했다. '명성이 헛것이 아니구나.' 생각했다. 끊지 말고 2주를 먹으라며 약을 처방해 주었다.

내 몸은 왜 이런 것이냐? 원인이 대체 무어냐? 풀밭에 들어갔다고 다 비염에 걸리면 세상사람 모두 알레르기 비염에 걸려야 할 것이 아니냐? 며 나의 원망 섞인 질문에 그는 '위생가설'을 설명해 주었다.

너무 깨끗한 환경 때문에 병원체와 접촉할 기회가 적어지면 오히려 면역체계가 약해져서 병에 더 잘 걸린다는 것이었다. 하기는 농사라고는 지어본 적도 없고 풀숲에서 뛰어놀아 보지도 못하고 도시의 골목길에서 자랐으니 풀에 대한 면역력이 있을 리가 없었다. 풀은 뽑아버리면 그만이겠지 하는 나의 생각은 식물의 자기 보전을 위한 방어막에 그대로 당한 것이다. 그것은 그들 나름대로 자신을 지키기 위한 생존방식이었다.

의사는 '돼지풀' 꽃가루에 의한 알레르기 비염이라고 했다. 돼지풀은 국화과의 풀로서 쑥같이 생겼는데 꽃말이 '행복한 연애'라고 해서 실소를 금치 못했다. 그에게도 나는 불청객이었을 텐데 연애라니. 죽임을 당하면서까지 내 몸에 들어와 콧물을 흘리게 하는 연애도 있나 싶었다.

사람들은 식물을 생각할 때 두 가지 속성을 떠올린다. 하나는 '움직이지 못한다.'는 것이고 다른 하나는 '지각력知覺力이 없다.'는 것이다. 그렇게 배웠고 나도 그렇게 생각했다. 그러나 식물도 지각력이 있다고 느낀 일이 있었다. 태국에 갔을 때였다. 멋진 야자나무에 기대었다가 나무를 타고 오르내리는 불개미에게 물려 혼쭐이 났었다. 야자나무는 개미에게 달콤한 수액을 주면서 불청객으로부터 자신을 보호하고 있었던 것이다.

사람의 발길이 없는 무성한 숲속에 들어섰을 때 문득 동물이 강한가. 식물이 강한가 하는 의문이 들었던 때가 있었다. 식물이 내뿜는 강한 피톤치드와 맑은 산소로 온몸이 상쾌해지면서 결국 식물은 이렇게 동물을 위해 있는 것이 아닐까 하는 생각이 들었다. 그러나 꽃가루 알레르기에 걸린 후 풀밭을 두려워하는 내 발걸음을 생각하면 그것도 아니었다. 지구에서 동물이 사라진다면 아마 눈부신 초록빛 식물들이 무성한 아름답고 경이로운 세계가 될 것이다. 그러나 식물이 모두 사라진다면 동물은 모두 멸망하고 흙과 돌만 뒹구는 황폐한 혹성이 되고 말 것이다.

식물도 오감이 있는 생명체다. 햇빛을 찾아가는 굴광성, 노래를 듣고 더욱 잘 자라는 화초, 휘발성 유기 화합물을 배출하여 꽃가루의 매체를 유혹하거나 침입자를 물리치는 등 살아서 지각하고 행동하는 생명체라는 것을 다시 느꼈다.

'Allergy', 과민 반응이라는 뜻으로 외래성 물질과 접한 몸이 정상과 다른 반응을 나타내는 현상이다. 살다 보니 육체뿐 아니라 마음의 알레르기 때문에 사서 고생을 할 때도 많다. 고쳐야 할 병인 줄 알면서도 고쳐지지 않는다.

지금도 잊을 만하면 찾아오는 '알레르기 비염'은 내게 세상살이에 과민반응하지 말고 수더분하게 살아가라 말하는 듯하다.

3부

내 마음에 흐르는 강

스마트한 비서

영화는 영화일 뿐이지만

아직은 청춘이다

싸움 구경

내 마음에 흐르는 강江

디지털 문맹인

내 친구 예브게니

HD40307g

나의 분신

스마트한 비서

"좋은 아침이에요. 오늘 목표는 60분 활동하기입니다. 어제는 목표보다 9분 더 활동했어요."

일일 활동 목표에 '달성' 체크가 되고 칼로리 소모량, 거리 등 자세한 브리핑 내용이 떴다.

나의 아침은 스마트한 비서와 함께 열린다. 기상시간에 맞추어 알람이 울린다. 꾸무럭대다가는 다시 일어나라고 독촉을 한다. 손을 뻗어 일어났음을 알린다. 거실로 나섰다. 체중계에 올라선다. 어제와 비슷한 60.3kg이다. 다시 비서가 재촉하듯 묻는다. "어제는 몇 시에 잠드셨나요? 이 시간대로 기록할까요?" 평균 취침시간과 기상시간이 나와 있고 만일 기록을 안 하면 그대로 작성하겠다며 사뭇 위협적이다. 기상 시간과 몸무게를 기록하자 나의 BMI지수가 어제와 비슷한 보통임을 알려준다. 혈압계를 끌어당겨 혈압을 재고 입력을 한다. 바로 밑에 있는 스트레스 지수를 측정하기 위해 검지를 카메라 렌즈에 댄다. "움직이거나 말하지 마세요." 비서는 엄격하다. "심박수 및 산소포화도 측정을 완료하였습니다." 원 그래프에 진행속도가 나타나며 순차적으로 상황을 보고한다. 나의 스트레스 수준까지 확인하고 하루가 시작됐다.

예전의 일이다. 친구 하나가 네모진 시계 같은 것을 허리에 차고 와서 건듯하면 들여다보는 것이었다. 궁금해서 물어보니 '만보기'라 했다. 걸을 때마다 걸음 수가 나타나서 하루 내 걸은 걸음수를 알려준다는 것이다. 나도 바로 사서 허리춤에 달았다. 하루 만보 걷기가 건강에 좋다고 하여 이를 달성하면 왠지 건강해진 것 같아 기분까지 좋아지곤 했다. 그러나 만보기는 허리에 차야 하고 매일 리셋을 시켜야 했다. 지금은 스마트한 비서가 걸음 수를 시간 별, 요일 별, 월 별로 체크해 준다.

이제는 내가 늘 비서를 바라보고 묻곤 한다. 친구들이 궁금해 했다. 나의 설명에 모두 감탄하다가 곧 실망하였다. 자동으로 분석을 해준다 해도 일일이 입력하기가 귀찮다는 것이다. 건강을 위해서는 그 정도의 노력도 기울이지 않고 어떻게 비서의 고품격 서비스를 받을 수 있다는 것인지 알 수 없다.

아침식사를 하면서 하루 일정을 체크한다. 비서는 14:00 가곡교

실과 배추 구입, 18:00 고등학교 동창회가 있다고 알려 준다. 일전에 달력의 메모를 보고 동창회 모임을 생각해 두었다가도 낮 동안에 까마득히 잊고 말았다. 저녁을 먹다가 "참, 당신 오늘 동창회 모임 있잖아요." 하는 소리에 수저를 놓고 달려나간 일도 있었다. 하지만 비서가 생긴 후로는 그럴 일이 없다.

가곡 교실로 갔다. 옛날에는 소니 워크맨이 일종의 부의 상징이었다. 귀에다 이어폰을 꽂고 걷는 사람이 선망의 대상이었다. 그런데 지금은 스마트한 비서가 녹음을 해 준다. 좋아하는 가곡을 바로 녹음한다. 삼십여 명 회원이 모여 노래 부르지만 녹음을 들어보면 피아노 반주에 맞추어 내 목소리가 두드러지게 나온다. 다른 회원들이 코러스를 넣어 주는 듯 녹음해 주어 연주회 무대에 선 것 같은 기쁨을 느끼며 듣곤 한다. 또 수필 한 편이 완성될 때마다 녹음하여 들으면서 졸고를 다듬고 또 다듬는 데 유용하게 쓴다.

시장으로 간다. 배추 구입은 내 담당이다. 내가 배추를 선별할 줄 아는 안목이 있어서가 아니다. 늘 같은 시장의 배추 장수에게 사다 보니 선택의 여지가 없고 굳이 다른 일을 하는 아내까지 갈 필요가 없는 것이다. 배추를 사고 옆을 보니 무가 있다. 나는 무를 좋아한다. 가을무를 생으로 깎아서 파란 윗부분을 아삭아삭 깨물어 먹으면 시원한 맛이 일품이다. 깍두기며 생채, 시래깃국도 고기보다 더 좋아한다. 무를 사고는 싶은데 품질이 어떤지, 지금 먹어도 좋은 때인지 아내의 허락이 필요했다. 물건을 잘못 사왔다고 지청구를 들은 일이 어디 한두 번이었던가. 바로 사진을 찍었더니 비서가 아내에게 보내서 곧장 '오케이'라는 답장을 받아왔다.

동창회 모임에 참석했다. 나이 먹으면 경험과 지식이 쌓여서 성격이 원만해지고 이해심도 많아질 줄 알았다. 나를 비롯한 고등학교 동창들은 나이가 들어갈수록 오히려 자기주장만 하고 도통 남의 말은 들으려 하지 않는다. 할 일 없는 친구들인지라 비탈길에서 올라가는 차와 내려가는 차는 누가 우선권이 있는가 시비가 한창이다. 식당이 소란하고 고집 센 녀석의 목소리가 크다. 하지만 스마트 폰의 검색 앞에서는 허구의 목소리는 힘이 없다. 그래서 '내가 맞네, 네가 틀리네.' 하는 언쟁이 줄어들고 우기지도 못하게 되었다. 같이 들여다보고 웃으며 술 한 잔으로 시비가 가려진다. 스마트한 비서의 빠르고 정확한 판결이다.

이 영리한 비서는 사람과의 소통을 시켜주고 사회와 연결하고 먼 나라의 세세한 소식까지도 알려준다. 그래서 혹시 새로운 소식이나 급한 연락이라도 오지 않았는지 수시로 물어보고 또 나의 소식도 전하곤 한다. 하루 내 잠시도 떨어질 수 없는 이유다. 잠자리에 들면 그제야 비로소 나의 스마트한 비서는 내 곁을 물러간다.

비서가 있어서 다 좋았다. 하지만……. 건강검진을 위해 서울의 종합병원을 찾았을 때였다. 아침 일찍 서둘러 집을 나섰는데 오후

세 시가 되어서야 검진이 끝났다. 병원을 나섰다. 올림픽 공원 너머 우뚝 솟아오른 롯데 타워가 보였다. 123층에 555m, 우리나라에서 제일 높은 빌딩이 손짓하듯 높이 솟아 있다. 하룻밤 묵어 롯데 타워를 구경하고 집에 돌아왔다. 다음날, 구글 지도에 문자가 왔음을 비서가 알린다.

"화이트 호텔은 어떻습니까?"

호텔이 위치한 지도와 함께 '평점과 리뷰'가 떴다. 순간 나의 모든 행적을 꿰뚫어 보고 있는 빅 브라더, 그의 눈길에 뒷덜미가 서늘했다.

영화는 영화일 뿐이지만

부부도 오래 살다 보면 닭과 소같이 된다. 서로 그저 그런 무덤덤한 일상의 연속이기 때문이다. 그것이 나쁘다고 볼 수는 없지만 때로는 삶의 활력을 위해 변화가 필요하다. 같이 외식을 한다거나 등산을 간다거나 음악회나 영화감상을 하는 것이다. 인위적인 친목이 꼭 필요하다.

신문을 펼치다 색다른 광고가 눈에 띄었다. 2면에 길게 실린 영화 광고였다. 인턴The intern이었다. 정장을 차려입은 은발의 노신사와 빨간 원피스에 검은 머리, 푸른 눈의 30대 여성의 전신사진이었다. 남자는 경험 많은 70세 인턴, 여자는 열정 많은 30세 CEO라는 설명이 있었고 경험과 열정에 방점이 찍혀 있었다. 감독은 낸시 마이어스인데 〈로맨틱 홀리데이〉, 〈사랑할 때 버려야 할 아까운 것〉

을 감독했었다고 소개되어 있었다. 사랑할 때 버려야 할 아까운 것들이라는 제목에 맘이 끌렸다. 그게 무얼까? 이런저런 것을 생각하며 퍼즐을 맞추어 보았지만 딱히 "이거지." 하는 것은 떠오르지 않았다. 재미있는 감독이라는 생각과 함께 인터넷으로 예매를 하자 아내가 궁금해 했다.

"무슨 영화요?"

"글쎄, 음악영화인데 코미디인가 봐."

신문에 난 광고를 보고 대답했다. 극중 명대사라고 소개한 "뮤지션에게 은퇴란 없다. 단지 음악이 사라지면 멈출 뿐……. 하지만 내 안에는 아직 음악이 남아 있다."라는 글과 로맨틱 코미디라는 설명도 있었다. 이렇게 무지한 선입견을 갖고 본 영화는 시작부터 나의 뒤통수를 쳤다. 그는 뮤지션도 아니고 코미디언도 아니었다.

전화번호부 인쇄회사에 42년을 근무하다 부사장으로 은퇴한 밴 휘티커(로버트 디니로 扮)는 인터넷 의류판매 회사에 인턴으로 취직을 한다. 젊은이들 틈에서 모든 게 어설프고 아날로그 방식의 그이지만 직장과 인생의 풍부한 경험으로 모든 문제를 해결해 나간다. 노인에 대한 선입견으로 냉정하기만 한 CEO인 줄리 오스틴(앤 헤서웨이 扮)의 마음을 돌려 친구가 되었고 동기생 인턴의 문제뿐 아니라 사내 커플의 연애 상담도 하고 무엇보다도 사내 마사지사인 피오나의 마음을 사로잡아 서로 사랑하게 된다. 줄리의 말대로 너무 오지랖이 넓어 한때 식당의 서빙일을 하지만 그의 진정성은 바로 그를 비서실에 근무하게 만든다. 오프닝 멘트로 나오는 프로이드의 '사랑하고 일하고, 일하고 사랑하라. 그게 삶의 전부다.'는 말 그대로이다. 새로운 여인 피오나의 적극 공세에 그는 행복하지만 그래서 불행한 전 애인의 처지가 안타깝다. 비록 피오나보다 늙고 아름답지는 않지만 장례식장에 마주쳐서 날리는 가운데 손가락의 욕지거리는 그녀의 자존심이다.

항상 정장을 입고 매일 면도를 하고 30대의 사장에 '대표님'이라 공대하고 성실하기까지 한 70세의 남자, 말보다 미소와 표정으로 마음의 내면을 표현하는 그는 완벽한 남자다. 크고 작은 사건에 웃음과 탄식을 하다가 결국은 눈물이 찔끔 나왔다.

엊그제 정채봉 작가의 〈스무 살 어머니〉라는 수필을 읽다 주책없이 울컥거렸는데 또 한 번 현실도 아닌 가상의 세계에 빠져서 눈이 붉어지고 말았다. '그래, 저건 영화일 뿐이야, 현실은 저런 늙은이는 없어.' 되뇌어 보지만 나와 동갑이라는 사실에 가슴이 찔리고 불편했다. 아내까지 극장 문을 나서며 "정말 멋있는 남자네." 하고 감탄하는 통에 더욱 심기가 불편했다. 그러나 남자인 내 눈에도 여자보다 더 멋있고 예쁘게 보인 건 어쩔 수 없는 사실이었기에 나는 입을 다물었다.

예쁜 여자가 공부도 잘하고, 잘생긴 남자가 마음씨도 좋게, 하나님은 이따금 실수를 하신다. 더없이 높아진 파란 하늘과 옷 속을 파고드는 찬바람에 몸을 추스렸다. "그래 좋아. 나도 사랑하고 일하고, 일하고 사랑 해야지."

사랑하는 가을이 깊어진다.

아직은 청춘이다

내 차도 한때는 청춘이었다. 매일 김제로 출퇴근하였고 방학 때는 임자도를 며칠씩 다녀오기도 했다. 지도智島에서 배를 타고 섬에 내려 새우젓이 유명한 포구며 고깃배가 들고나는 항구, 늦게까지 고사리가 자라는 야산 기슭을 찾아 섬의 곳곳을 누비고 다녔다. 멀리 포항과 구룡포, 강구항으로 7번 국도를 누비며 맛집을 찾아 대게 맛을 보고 오기도 하였으니 그때가 한창 청춘이었던가 보다.

차는 나의 또 다른 창고였다. 갑작스런 소낙비에는 우산을 꺼내 쓰면 되고, 걷고 싶으면 그냥 그대로 천변으로 달려가 윈드재킷을 입고 운동화를 꺼내 신었다. 각종 군입정이 글러브 박스 안에 있었고, 차의 이곳저곳에는 만물이 쟁여져서 알라딘의 요술 램프와 같았다. 에어컨도 힘이 부치게 더운 여름에는 시원한 나무그늘을 찾아 비닐자리를 깔고 흐르는 흰 구름을 바라보며 땀을 식히기도 하였다.

얼마 후 내가 정년퇴임을 한 뒤에는 그도 역시 마냥 한가해졌다. 시내 나들이가 전부였지만 기능에도 아무 문제가 없었다. 차 사랑에 푹 빠진 나는 "요즘 차는 고장이 안나. 참 좋은 세상이여." 하며 입바른 소리로 자랑도 하였다. 그렇게 몇 년이 지나 차도 어느덧 십여 년을 넘었다. 같이 퇴직한 친구는 일제 하이브리드 차로 바꿨다. 연비가 좋고 운전이 편하다는 말에 솔깃한 나는 대리점에 가서 견적을 받아왔다. 동창 모임에서 내 이야기를 들은 친구는 대놓고 타박을 하였다. "너 정신이 있냐. 멀쩡한 차를 왜 바꿔?" 허물없는 친구의 거친 말에도 그 전에 잔고장이 없다고 자랑했던 일이 있어서 나는 입을 다물었다. 그의 오래된 색 바랜 승용차를 생각하니 할 말이 없었다. 더구나 그는 부부가 연금을 받으니 나의 두 배의 수입이 있다는 것도 정신이 버쩍 들게 하였다. 친구의 충고로 새 외제차에 대한 나의 철없는 욕망도 사그라들었다.

금주까지는 추위가 계속되리라 하고 오늘도 영하 10도를 맴도는 한파가 맹위를 떨친다. 아침에 시내를 가다가 차가 가속페달을 밟아도 나가지 않고 머뭇거렸다. 당황한 나는 갓길에 차를 대고 뛰는 가슴을 쓸어내렸다. 뒤에 대형차라도 달려왔다면 어떻게 되었을까. 처음 일이지만 놀란 가슴이 진정이 되지 않았다. 흰 연기를 뿜어나는 배기통을 거울로 보면서 사람마다 내 차를 바라보는 듯하여 차에서 내리지도 못했다. 부끄러운 마음을 가다듬고 다시 가속페달을 밟으니 차는 무슨 일이 있었냐는 듯이 잘 나갔다. 큰일 나겠다 싶어 바로 서비스센터를 찾았다. 놀라 장황한 나의 설명에도 사장은 별일 아니라는 듯이 부품들을 갈았다. 아닌 게 아니라 별일 없이 하루 내 잘 타고 다녔다.

다음날이다. 아침에 시내를 가는데 똑같은 일이 생겼다. 역시 갓길에 멈추었다가 다시 출발하니 아무 이상이 없다. 하지만 이건 그냥 넘길 일이 아니구나 생각한 나는 좀 멀지만 예부터 잘 아는 카센터로 가서 자초지종을 이야기했다. 사장은 그전에 엔진 오일을 갈면서 괜히 다른 부품을 손대서 일이 벌어졌다고 하였다. 엔진 개스킷에 붙은 기름만 닦고 인젝터는 그냥 놔두어도 되는데 네 개를 전부 갈면서 기름을 엔진으로 품어주는 기능에 이상이 생겼다는 것이다. 그러면서 요즘 서비스 센터에서는 정비보다 부품을 바꿔 수익을 올리는 모양이라며 괜한 짓을 했다고 혀를 찼다. "그렇게 해서 밥 먹고 살겄냐."며 직원을 나무라던 정비소 사장의 말이 생각났다. 무언가 과잉 정비로 인한 잘못이라는 생각이 들었다.

공장장은 딱하다는 듯이 나를 보고 말했다. 디젤차는 원래 시내 주행용으로는 맞지 않는다는 것이다. 경유에서 카본이 나와 매연이 혈관에 찌꺼기가 끼듯 달라붙어서 검은 연기가 난다고 했다. 그래서 고속으로 30분 넘게 한 번씩 달려 주어야 한다고 했다. 그는 나의 소심한 운전습관을 눈에 본 듯 말하였다. 그 말을 들으니 늘 천천히 가는 것이 다 좋은 것만도 아니라는 것을 알았다.

차의 멀쩡한 부품을 갈거나 엔진에 화끈하게 힘을 실어 달려보지도 못하면 제 능력을 발휘하지 못한다. 사람도 살면서 사소한 일은 무심히 지나칠 줄도 알고 때로는 능력을 다해 도전도 해야 활력도 생기고 성취도 맛볼 수 있는 법이다.

쇠잔한 몸에 보약 한 첩을 먹고 힘을 되찾은 듯 차는 멀쩡했다. 예전에 할머니가 입맛이 없다며 곡기를 멀리하시더니 한약 한 제를 드시고 기운을 차리던 얼굴이 떠올랐다. 차의 기력氣力이 다한 듯하여 마치 내 몸을 보는 것처럼 애잔하다. 그래도 아직은 할 일이 많이 있고 차도 언제 그랬냐는 듯이 잘 달리고 있으니, 나와 내 차는 아직은 청춘이다.

싸움 구경

"야, 너 현이 이기냐?" 개구쟁이로 유명한 녀석이 난데없이 나에게 와서 물어보았다. 진다고 하면 자존심이 문제였고 이긴다 하면 현이에게 가서 그를 부추겨 싸움을 붙이려는 수작이다.

내가 살던 경원동 골목 입구에 권투도장이 있었다. 평소에는 무심히 지나쳤던 도장이었는데 저절로 발길이 향해졌다. 관장은 작은 키에 짧은 스포츠머리, 그리고 유난히 코가 납작하였다. '타닥, 타닥.' 줄 넘는 소리와 한 번에 두 번씩 '휘리릭, 휘리릭.' 모둠 뛰기 하는 모습이 신기하기만 하였다. 링 위에서 실전 연습을 하는 선수를 자세히 바라보며 나는 눈을 크게 뜨고 주먹을 굳게 움켜쥐었다. 다행히 반 1, 2위의 서열을 다투는 싸움이 인봉리 방죽에서 벌어지게 되어서 나의 일은 없던 일이 되었지만 어린 가슴에 며칠을 두고 밤잠을 설치게 한 사건이었다.

구경 중에는 불구경과 싸움 구경이 가장 재미있다고 한다. 당사자에게는 불행한 일이지만 남들은 한낱 재미있는 일일 뿐이다. 사람 사는 곳에는 싸움이 그치지 않는다. 고대부터 생존을 위한 한 방편이었기 때문이다. 법은 멀고 주먹은 가까웠다. 신속하고 빠른 해결책이기 때문이다. 그러나 사회가 발전하고 법률이 정비되어 사적인 싸움은 거의 없어졌다. 인간은 싸움을 합법적으로 할 수 있는 방법을 생각해 냈다. 사각의 링을 만들고 규칙을 정하여 '복싱'이라는 경기를 만든 것이다. 오랫동안 인기를 끌던 이 경기가 새로 나온 경기에 치여 인기가 시들해졌다. 발로 차고 팔꿈치로 치고 붙잡아 쓰러트리고 관절을 꺾는 등 거의 모든 기술을 허용한 그래서 더욱 박진감 있고 리얼한 '격투기'가 등장한 것이다.

이종격투기는 서로 다른 싸움 기술을 사용하여 승부를 겨루는 무술이다. 스포츠 채널을 돌리다보면 이 경기를 중계하는 모습이 보인다. 잠깐 들여다보아도 이마가 찡그려진다. 피가 낭자하고 서로 뒤엉켜 관절을 비틀고 꺾고 항복할 때까지 펀치를 쏟아 붓는다. 그들의 몸에는 상대의 기를 꺾으려는지 아니면 스올의 어두운 힘을 빌리려는 것인지 하나 같이 무시무시한 각종 문신이 얼룩덜룩 새겨져 있다. 요즈음은 여자 선수까지 있어서 아연 실색케 한다. 폭력의 미화가 무섭다.

내가 좋아하는 경기는 권투다. 그리고 '프로이드 메이웨더 주니어'를 좋아한다. '메이웨더Mayweather' 이름이 좋다. 그는 49전 전승을 거둔 프로 웰터급 챔피언으로 돈방석에 앉아있다. '머니 메이웨더'라고 자칭한다. 실제로 커다란 스포츠 백에 달러를 가득 넣어가지고 다니며 자랑하기도 한다. 자본주의의 폐해라고 하겠지만 나는 이해할 수가 있다. 그 돈이 그냥 얻은 것이 아니고 피나는 훈련과 땀에 얼룩진 실전의 고통 속에 얻어진 것이기 때문이다.

지난번 필리핀 권투영웅 파퀴아오와의 시합에서 그가 나의 관심을 끌었다. 그의 검고 탄탄하게 빛나는 피부에 문신이 없었다. 그는 여덟 체급을 석권한 파퀴아오를 맞아 아웃복싱으로 일관하다 찬스가 나면 다가가 원투 펀치를 뻗어 점수를 쌓아 판정승을 거뒀다. 그의 눈은 반짝거리며 한시도 상대방의 얼굴에서 떨어질 줄 몰랐다. 두 손을 올려 머리와 얼굴, 그리고 팔꿈치로 몸통까지 완벽한 커버링은 가히 예술이었다.

얼마 전이다. 무심코 채널을 돌리다. 그를 만났다. 은퇴했다가 이년 만에 복귀하여 이종격투기 선수인 맥그리거와 라스베거스에서 권투 규칙에 따라 시합을 한다는 내용이었다. 화면은 뉴욕, 런던, 파리를 비추며 두 대전자가 설전을 벌이면서 경기를 홍보하는 장면을 내 보냈다. 그런데 두 사람이 아주 대조적이어서 흥미로웠다. 메이웨더는 40세의 흑인이다. 49승 전승이었지만 은퇴하고 2년을 쉬었다, 대략 3000억 원이 걸린 경기를 앞두고 그는 자녀들과 롤러스케이트를 타고 농구 경기를 하였다. 요가를 하며 “가족과 사랑하는 사람을 돌보는 것이 부모의 올바른 길이다. 나는 날카롭고 현명하다.”며 승리를 자신하였다. 힙합 모자에 티셔츠 차림이었다. 그의 차는 엄청 긴 흰색 리무진이었다. 나름대로 훈련을 하고 대비를 하겠지만 너무나 가정적인 그의 모습에 걱정이 되었다.

맥그리거는 아일랜드 더블린 출신의 29세 젊은이다. 2회 안에 메이웨더의 뼈를 부스러뜨리겠다고도 하였다. 권투선수를 불러 실제와 같은 시합을 하고 복싱심판에게 조언을 듣고 사막에서 자전거를 타며 근력을 다졌다. 미트에 꽂히는 그의 펀치가 ‘펑펑’ 체육관에 울려 퍼졌다. 기자회견 때는 정장차림으로 나와 “사람들은 불가능한 일이라고 하는 것을 나는 해낸다.”며 자기의 강함을 자랑하였다. 에메랄드빛 람보르기 스포츠카를 타고 그는 떠났다. 하지만 나는 하얗고 부실한 그의 하체를 보았다. 싸움은 주먹으로 하지만 발이 튼튼해야 한다. 빠르게 전진하여 가격하고 재빨리 물러나며 상대의 주먹을 피해야 한다. 주먹과 발이 서로 상응할 때만이 승리할 수 있다. 발은 나가고 주먹을 뻗지 못한 채 상대방의 가격을 당하게 되면 바로 패배로 이어지는 카운터펀치를 맞을 수 있다. 격투기 선수인 그는 팔을 내려트리고 상대를 가격하려고 만 하였지 방어를 위한 커버링이 없었다.

나는 당연히 메이웨더 편이다. 맥그리거의 가슴에는 시커먼 악마가 새겨져 있고 왕관 끝에는 붉은 루비가 새겨져 그의 목을 받치고 있었다.

"아, 맥그리거가 이기면 안 되는데……."

우리나라 지상파 방송에서도 실시간으로 경기를 중계했지만 볼 용기가 나지 않았다. 경기를 안 보아도 알 것 같았다. 하체는 비록 부실했지만 젊고 의욕과 패기가 넘치는 검은 기운이 가득한 그를 어떻게 이길 수 있겠는가.

저녁을 먹고 나서 거실로 가서 스포츠 티브이를 켰다.

"앗, 이럴 수가."

마침 메이웨더가 승리하여 스태프와 포옹하는 장면이 나왔다. 이탈리아에서 만들었다는 녹색 악어가죽에 다이어몬드가 수없이 박힌 챔피언 벨트를 높이 쳐들었다. 인터뷰에 이어 10회 마지막 '테크니컬 넉 아웃' 장면이 느린 그림으로 계속 방영되었다. 다리가 풀린 맥그리거의 안면에 메이웨더의 펀치가 작렬하였다. 원 투, 잽, 훅…….

열일곱 번의 펀치가 쏟아졌다. 로프에 간신히 기댄 맥그리거를 감싸 안고 심판은 손을 내저었다. 승자인 메이웨더는 전설의 '로키 마르시아노'와 50승의 타이기록을 이루고 은퇴를 선언하였다. 그리고 패자인 맥그리거도 격투기 링으로 다시 돌아갔다. 서로를 얼싸안고 등을 두드리며 격려했다. 그토록 치열한 싸움을 언제 했냐는 듯이.

시합에서의 전진과 후퇴의 빠른 발놀림 그리고 상대의 공격을 막아내는 커버링, 성공하였을 때의 물러남을 가르쳐준 한판의 인생 드라마였다.

승자의 손이 올라갔지만 둘은 바로 포옹하며 땀투성이의 등을 두드렸다. 승자에 대한 존경심을 나타내고 패자를 격려하는 모습이 아름다웠다. 어쩌면 사내들의 비정한 힘겨루기겠지만 경기 종료 후에 보여주는 그런 모습은 가슴 찡하게 한다. 내가 권투를 좋아하는 이유이다.

권투경기는 원초적이고 야성이 넘친다. 아무런 무기 없이 오직 두 주먹만으로 싸운다. 그러나 투쟁 속에도 원칙과 규약을 지킴으로써 폭력이 아닌 힘의 경쟁이 되는 것이다.

살다 보면 원하든 원하지 않든 사각의 링에 올라있음을 느낀다. 실전을 위한 스파링도 하여야 하고, 이익과 명예를 위해 경쟁에 나서기도 해야 한다. 승부의 링에 오르면 상대방의 기를 꺾어야 한다. 스스로 투지를 불살라야 한다. 눈을 돌리거나 내리깔면 기선을 제압당하고 만다. 그리고 펀치를 맞지 않으려면 발이 빨라야 한다. 좁은 사각의 링에서 발놀림은 짧고 빠르게 움직여야 한다.

모두들 발걸음이 바쁘다. 우리의 삶의 본질이 그러하다 할지라도 안식을 위한 유연한 발걸음이 아쉽다. 권투경기에서 3분 경기 뒤에 1분의 휴식이 있듯이 발걸음을 멈추고 가드를 내리고 쉬면서 다음 라운드를 기다리는 것도 필요하다. 때로는 모든 것을 내려놓고 상처받은 마음을 다스리고 영혼을 치유할 시간과 지혜도 필요하다.

사람의 삶에서도 나아갈 때 나아가고 물러설 때 물러서는 재빠른 발이 있어야 성공할 수 있다. 기회가 되면 과감히 도전해보고 승산이 없는 과욕일 때는 미련 없이 포기할 줄 아는 마음이 바로 인생의 때를 아는 지혜가 아닌가 한다.

내 마음에 흐르는 강江

마을 앞이 강이었다. 멀리 두어 마장 정도부터 행단이 수력 발전소에서 나온 물과 합쳐진 동진강은 몸집을 불렸다. 강폭은 갑자기 넓어지고 푸른 물줄기는 기세당당하게 무성서원 옆을 돌아 이곳 산성마을 앞으로 흘러 서쪽으로 내려갔다. 마을 앞에 초석을 쌓고 강둑을 막아 물길을 다독였고 강둑은 멀리 옻밭골까지 길게 아스라이 이어져 있었다.

신학기의 부산함과 행정적인 소소한 일들이 대충 마무리될 때면 날씨도 완연히 풀려 온갖 꽃들이 피고 봄이 무르 익어갔다. 길어진 햇살과 초임지의 낯섦, 그리고 객지의 하숙집이 주는 외로움은 스무살 새내기 교사에게는 견디기 힘든 일이었다. 퇴근길에 발길은 으레 하숙집 담 옆을 돌아 제방으로 올라섰다. 잘 자란 잔디 위에 민들레가 여기저기 피고 망초 무리도 한 길이나 쑥쑥 자라 푸른 생명이 넘실대는 길이었다. 굽이쳐 휘몰아가다가 이내 몸을 돌려 넓은 여울을 만들어 흐르는 은빛 윤슬을 따라 하염없이 걷다 보면 해가 설핏한 강물 위로 물고기들이 비늘을 번쩍이며 튀어 올랐다.

체육시간은 일주일에 4시간이었다. 한 시간으로는 운동하기에 짧아서 두 시간씩 연이어 점심 후 오후시간에 짜여 있었다. 남녀 혼합반으로 60여 명이나 되는 아이들은 체육시간을 무척 좋아했다. 중학교 입학시험이 있던 때라 교과서의 삽화까지도 세밀히 가르치느라 체육시간을 국어나 산수 수업의 보충학습으로 가끔 활용하였다.

"선생님, 체육하지요." 눈치 빠른 아이 몇은 미리 불만 섞인 목소리로 공차기를 하자고 졸라댔다. 측백나무 울타리로 둘러싸인 넓은 운동장에서 하는 축구는 애들 말대로 그냥 공차기였다. 규칙도 없고 그저 우—, 공을 따라 몰려다니는 놀이에 어쩌다 한번 발에 공이 닿는 운동이었지만 세상을 다 얻은 듯 즐거워했다.

가끔 아이들이 "선생님, 오늘 발전發電 안 해요." 하고 일찍부터 책상 앞에 와서 떼를 쓰는 일도 있었다. 수력발전소의 수문을 닫으면 수량이 확 줄어서 강물이 얕아진다. 수대와 대야, 비누를 챙겨 들고 한길을 건너 강으로 나갔다. 팔뚝과 가슴의 묵은 겨울 때를 벗겨볼 요량이었지만 아이들은 얕은 물에서 다슬기 잡기나 물고기 잡기를 할 생각이었다. 아이 하나를 붙잡고 씻기다 보면 모두 사방으로 흩어져서 물속을 들여다보거나 첨벙거리며 옷 젖는 줄도 모르고 이리저리 돌아다녔다. 엎드려 조개나 다슬기를 잡기도 하고 돌 틈으로 손을 넣어 미유기, 돌고기들을 더듬더듬 잡아내기도 하였다. 아이들이 푸른 강물 위에 작은 꽃처럼 피었다. 무엇을 잡았는지 큰 웃음소리가 강물을 타고 흘러내린다.

강둑에서 몸과 옷을 말리며 바라본 강 건너에는 보리와 밀이 한창 익어 누런 물결이 일렁였다. 음악책에 〈종달새의 하루〉라는 노래가 있었다. 하늘에서 바라보면 보리밭이 좋아 보이고 밭에서 쳐다보면 저 하늘이 좋아 보여 지지배배거리며 오르락내리락하다가 하루해가 진다는 내용이었다. 종달새, 지금은 거의 볼 수 없는 새지만 그때는 보리밭 하늘 위에 높이 떠서 정지 비행을 하고 있다가 곧장 내려앉곤 하는 모습을 볼 수 있었다. 지금도 내 마음이 흔들릴 때면 그때 바라본 하늘을 생각하며 '나도 한 마리 종달새인가.' 하고 슬며시 웃음 짓곤 한다.

그날도 퇴근 후 둑길을 걸을 때였다. 살구정이마을을 지나 무심코 멀리까지 가게 되었다. 크게 휘어져 굽이친 물결의 가운데 떠내려온 버드나무 둥치가 걸려 있었다. 오래전에 내려와 있었던지 잔가지까지 쳐서 푸른 잎이 하늘을 향해 있었다. 그 나무가 만든 여울에 오리 두 마리가 떠있었다. 호기심에 발이 멈췄다. 쳐들어진 뿌리에 둥지가 있고 깃털이 다 자란 새끼도 보였다.

"아, 귀여워."

강둑을 내려가 자갈밭을 걸어갔다. 오리와 새끼들이 환히 보였다. 삼십여 미터쯤 될까. 아무 생각 없이 옷을 벗고 물속으로 걸어 들어갔다. 생각보다 물이 차갑고 물살이 셌다. 온몸에 오스스 소름이 돋았다. 갑자기 발밑이 꺼지고 물에 푹 잠겼다. 양쪽으로 바닥이 파이고 가운데 토사와 자갈이 쌓여 나무가 걸친 곳에 오리가 집을 지은 것이다.

당황한 나는 물을 연거푸 먹고 겨우 헤엄쳐 물가로 허겁지겁 나왔다. 잠깐 사이 이십여 미터를 떠내려 간 것이다. 오리를 잡겠다는 것이었는지 물위에 떠있는 듯한 오리 집의 신비함에 취한 것인지 나도 모르는 엉뚱한 치기였다.

학교 앞 가게는 막걸리와 담배도 팔고 아이들 학용품도 파는 만물상이었다. 이른 봄 양지바른 마루에 앉아 풋마늘에 막걸리를 먹어본 것도 그 집이 처음이었다. 부엌의 한쪽에 큼지막한 독을 묻어두고 막걸리를 받아두었다가 양은 주전자에 한 주전자씩 퍼왔다. 홀어머니를 모시고 사는 안주인은 백암 댁이었다. 강 건너 저편 멀리 낮은 산 밑으로 미루나무가 서 있고 집들이 낮게 웅크리고 있었다. 백암마을이다.

백암 댁은 풍채도 좋고 가는 눈매에 늘 웃음을 짓고 있었다. 강 건너 마을의 그녀와 결혼한 손 주사는 한량閑良이었다. 농촌에 살면서도 손에 흙을 묻힌 것을 보지 못했다. 기계를 잘 다루어 탈곡기나 경운기같이 그때 몇 안 되는 농기계를 들여 놓고 그것만 만지작거리고 걸핏하면 오토바이를 타고 읍내로 나가곤 하였다. 손재주 좋고 놀기 좋아하는 그를 따라 동진강을 누비며 온갖 신기한 고기잡이를 해 보았다. 배터리에 바이브레이터를 달아 전기로 고기를 잡을 때면 뜰망을 들고 장어며 메기를 건지고 밤에는 횃불을 켜고 잔잔한 강가에 잠든 물고기를 톱의 등으로 내리쳐 잡는 희한한 광경도 보았다.

서리가 내리고 동진강에 청둥오리가 날아오면 강물을 따라 참게가 알을 낳으러 흘러내려왔다. 강폭이 넓은 물살이 잦아든 목에 자갈로 길게 둑을 쌓고 그 끝에 게막을 지었다. 달 밝은 밤에는 게막에 앉아 달빛에 떠내려 오는 참게를 건져 잡았다. 달 밝은 깊은 밤에 게들이 내려오는 것이었고 그 참을 손 주사는 용케도 알고 있었다.

내가 하숙한 집은 한길 가의 이 씨 어른 댁 탱자나무 뒤편에 있었다. 싸리 울타리에 대문도 없고 삼 칸 초가집 윗방이었다. 아들은 윗마을 기와집에 살았고 초로의 어르신 두 분이 살고 있었다. 집을 나서면 농수로 수문이 있고 한길로 나가는 샛길과 강둑으로 이어지는 갈림길이다. 수문 근처에는 모래가 밀려와 쌓여 있어서 밤에는 마을 여자들의 목욕 터였다. 남자들은 당연히 강으로 가 자유롭게 한낮에도 목욕을 하였고 이곳은 아무도 오지 않았다. 집으로 가는 길옆이라 어쩌다 귀가 시간이 늦어 밤길을 가게 되면 멀리서부터 기침을 하며 인기척을 냈다. 어두운 나무 그늘 밑 물속에 몸을 잠그고 숨을 죽이고 나를 지켜보는 눈길을 느끼며 발길을 서두르곤 하였다.

봄 햇살에 취해 길을 나섰다. 오랫동안 길들여져 온 내 몸은 신학기만 되면 맘이 설렌다. 길들이 사통팔달 뚫리고 모두 포장되어 있다. 익숙했던 초임지 학교 가는 길들이 낯설다.

한길 가에 차를 세우고 큰 뽕나무 밭이 있던 탱자나무 길로 들어섰다. 그 자리는 넓은 주차장이 되었고 음식점이 들어서 있다. 그 뒤편에 내가 하숙했던 토벽의 초가집은 흔적도 없다. 그 옛날 여인네들이 목욕하고 고단했던 농사일을 씻어내던 농수로도 물길이 바뀌고 시멘트 보만 남아 있다. 강둑도 시멘트 포장으로 바뀌고 갈지자로 자유롭고 운치 있게 흐르던 강물은 수량이 많이 줄어든 모습으로 물길을 따라 곧장 아래로 흘러가고 있다.

강둑에 올라섰다. 시원한 바람이 온몸을 감싼다. 품안에 파고드는 미풍이 잠들었던 푸른 강의 이야기를 깨운다. 벌써 오십 년이 흘렀지만 잊고 지낸 세월은 강둑에 올라서자 한순간에 오롯이 되살아난다. 스무 살 총각 선생이 그때 큰 학교, 도시학교를 마다하고 시골학교에서 9년을 지내 왔던 것은 오로지 이 강의 푸른 물과 바람과, 이 둑길이 같이해서였다.

강 건너 봄이면 누런 보리밭이었던 논에는 하얀 비닐하우스가 줄지어 엎드려 있고 커다란 축사도 드문드문 보인다. 돈이 없어 놓다 말았던 다리에는 육중한 콘크리트 다리가 턱 하니 놓여 차들이 많이 다니고 있다. 더운 여름에 그 다리 위에 동네 남정네들이 깔개 하나씩 들고 나와 더위를 식히고 마을의 대소사도 얘기하던 곳이었는데…….

아직도 봄바람이 불면 내 가슴속에는 순진했던 아이들이 웃으며 다가온다. 그리고 유유히 흐르는 강물, 그 위의 오리, 통통하게 큰 다슬기들, 살이 오른 참게며 물고기들이 그대로 살아서 뛰논다.

디지털 문맹인

나는 어렸을 때도, 젊었을 때도 실수가 많았다. 그래도 젊었을 때는 실수를 두려워하지 않았다. 삶에 열중하는 시기여서 힘들지 않았다. 쉽게 잊어버리고 다시 한 번 도전해 보는 열정을 갖기도 하였다. 그런데 나이 들어서 하는 실수는 마음의 짐이 된다. 자책감이 심하면 삶에 대한 의욕도 떨어진다.

일본의 가고시마鹿兒島는 친숙한 곳이다. 이십여 년 전 순창의 초등학교 교감으로 근무할 때 가고시마 현 키요미즈清水 마츠리祭り에 사물놀이 패와 가야금 병창단 이십여 명을 이끌고 참가한 적이 있어서다. 순창군과 교류협정을 맺은 터라 우리 일행은 여러 가정에 흩어져 민박을 하면서 공연도 하고 축제 프로그램에 참가하였다. 문화 차이로 목욕이나 식사예법에 작은 실수가 있었지만 일본의 전통의

식과 가정생활의 이모저모를 체험할 수 있어 좋았다.

내가 묵었던 집은 부부만 살고 있어서인지 깔끔하고 고요했다. 교사였던 남편은 취미로 탐조探鳥 활동을 했다. 어느 날 그를 따라가 강둑에서 바라보던 철새의 모습이 아직도 생생하다. 말이 적고 정온靜穩한 안주인이 싸준 샌드위치 맛도 잊을 수 없다.

지난 4월 나고야 벚꽃 축제에 갔었다. 하얀 눈이 한가득 내려앉은 것같이 만개한 벚꽃의 향연과 맛깔난 음식, 특히 청자사발에 덮여 나왔던 장어정식을 맛본 추억이 다시금 나를 일본으로 끌어당겼다. 비행시간이 짧고 음식이 입에 잘 맞는 것도 일본 여행을 하는 이유 중의 하나다.

여행사에 남 큐슈 나오시마直島 관광을 신청하였다. 그런데 신청자가 미달되어 예약이 취소되었다며 가고시마 4박5일 일정이 어떠냐고 연락이 왔다. 한번 여행을 가야지 하고 들뜬 마음을 걷잡을 수 없어 그리하기로 하였다.

새벽에 출발하여 10시쯤 인천 공항에 도착하였다. 탑승권을 발권하러 대한항공 부스로 향했다. 그런데 예전에 있던 구불구불한 긴 줄과 십여 개의 부스에 앉아있던 직원이 보이질 않았다. 순간 당황하여 자세히 살펴보니 사람들이 무인 발권기 앞에 서서 직접 발권을 하여 탑승장으로 가고 있었다. 둔전거리며 발권기 앞에 갔다. 여권을 스캔하고 지시하는 내용대로 입력하고서 겨우 마쳤다.

차가운 기계음이 더욱 마음을 움츠러들게 하였다. 탑승권을 보니 아내와 나는 아주 멀리 떨어져 있었다. 두 사람을 한꺼번에 처리해야 하는데 한 사람씩 하여 자리배정이 떨어지게 된 것이다. 다시 할 수도 없고 방법도 몰라 어찌할 수가 없었다. 짐을 부치려 보니 이것도 자동 탁송이었다. 안내 화면을 보면서 짐을 부쳤다.

그제야 여유를 가지고 둘러보니 맨 끝 부스에 유니폼을 입은 직원이 앉아있었다. 노약자는 빠른 출국을 할 수 있는 것을 알고 있어서 직원에게 다가가 패스트트랙 카드를 부탁하였다. 그는 탑승권을 보더니 왜 떨어져 앉았냐며 다시 자리 배정을 해주고 친절하게도 마일리지까지 적립해 주었다.

이런 좋은 직원을 대신해서 디지털 기계가 그 자리에 있으니 앞으로 사람의 일자리는 더욱 줄게 되고, 나와 같은 디지털 문맹인은 해외여행도 맘대로 다닐 수 없게 되었다. 은행에서도 식당에서도 고속도로에서도 점점 사람은 줄고 기계가 앉아 있으니 세상은 차갑고 험난하기만 하다. 이런 생각에 빠져서 패스트트랙으로 가던 나는 가슴이 철렁하였다. 내가 끌고 오던 가방이 없었다. 손이 허전하여 느낀 것이다.

"여보, 내 가방 어딨지?"

당황하여 목소리가 커졌다.

"아니, 아까 무인 탁송을 했잖아요."

'이런 정신머리 하고는.'

예전과 같이 직원과 대화를 하며 여권을 확인하고 가방의 무게를 체크하고 탁송했던 기억이 없이 짐을 벨트에 올리고 영수증만 받고 순식간에 간단히 끝나서 깜박 잊어버린 것이다. 얼굴이 화끈 달아올랐다.

나의 이런 실수는 발전해 나가는 디지털 문명 때문이다. 세상이 발전하고 4차 산업혁명의 시대가 되었다. 인공지능이 사람의 머리를 대신하고 디지털 시대가 되면서 아날로그에 익숙한 나의 머리는 따라가기 벅차다.

하늘에서 내려다보면 벚꽃모양의 형태라는 사쿠라지마櫻島에서 시원한 바닷바람을 맞으며 하는 족욕은 여행의 피로를 가시게 하였다. 섬에서 딴 동백冬柏 씨앗으로 짠 천연 동백기름을 한 병 샀다. 귀한 것을 손에 넣은 것 같아 기뻤다. 옛 여인네들은 머리를 감고 긴 머리 결에 동백기름을 고루 펴 바르고 참빗으로 가지런히 빗고 앞 가르마를 타고 비녀로 마무리 하였다. 차분히 가라앉은 검은 머리숱에 반지르 하게 윤이 나는 머릿결은 성숙한 여인의 품위를 느끼게 했다. 아쉽게도 지금은 각종 향료를 넣은 헤어로션이 그 자리를 차지하고 말았다.

조금 덜어 머리에 바른다. 머리숱이 생기가 있어 보인다. 시대의 변화야 어쩔 수 없지만 동백의 향기 속에서 아날로그의 여유와 편안함을 느낀다.

내 친구 예브게니

여름이 끝날 것 같지 않았다. 가을이 시작된다는 입추도 지나고 처서, 백로가 지났는데도 한낮의 더위는 수그러들 줄 몰랐다. 찬 이슬이 맺히기 시작한다는 한로가 되어도 무더위는 계속되었다. 저수지의 물이 마르고 식수도 부족한 60여 년만의 최악의 가뭄이라는 말이 돌았다. 매년 절기만 믿고 때가 되면 더위가 물러가겠지 하는 기대가 커서인지 짜증만 나고 몸이 견디기가 힘이 들었다. 이건 인간이 자연에 대해 저지른 죄악 때문이라며 내심 지구를 살리기 위한 녹색 혁명과 환경보호라는 대명제를 생각하면서 시월의 끝자락을 보냈다. 뒤늦게 가을이 시작되고 항상 그랬듯이 사람들은 한껏 들떠서 단풍구경이네 축제네 하며 시끄러울 때 러시아인 예브게니 핀켈슈타인Evegeni Finkelstein을 만났다. 사실 그와 나는 그날 처음 만났고 그날로 헤어졌다. 다시 만난다는 보장은 없지만 그가 '마이 프렌드' 하고 불렀고 나도 동의하였으니 우리는 친구다.

그는 기타리스트다. 러시아 모스크바 음악원의 교수다. 아마 핀켈슈타인은 이름인 듯싶다. 예브게니 키산이란 러시아 피아니스트가 우리나라에 몇 번 와서 나도 그 이름을 들었으니 예브게니가 성이 아닐까 추정해 본 것인데 핀켈슈타인이라는 이름이 발음도 어렵거니와 기억하기도 힘들어서 나는 그냥 예브게니로 부르고 기억하려고 한다.

우리 집에서 100여 미터 정도 떨어진 골목에 있는 교회에서 그의 연주회가 열렸다. 나는 그 앞을 지나다 현수막을 보고 알았다. 일요일 오후 5시. 나로서는 가장 한료한 시간이었기에 무심코 평상복에 외투만 걸치고 연주회장을 찾아갔다. 예브게니의 기타연주와 찬조출연으로 빼냐 플라멩코팀, 칸타빌레 기타 앙상블의 공연이 예정되어 있었다. 300여 석의 오붓한 홀의 무대 위에 음향 효과를 위한 반사판이 올려져 있었고 예브게니의 독주가 조명을 받으며 울려 퍼졌다.

나는 음악에 문외한이다. 음악을 좋아하기는 하지만 열성적이지 않고 깊이 천착하지도 못한다. 처음 그가 왼발을 보조대에 올려놓고 기타를 끌어안을 때 '응, 이건 애인을 포옹하는 자세가 아닌가?' 하는 생각이 퍼뜩 들었다. 기다란 헤드를 왼손으로 감싼 채 둥글고 풍만한 몸체 위에 놓인 하얀 손은 여섯 개의 줄을 애무하듯 잡아당겼다 튕겼다 하며 부드럽게 움직였다. 첫 번째 곡은 안단테에서 알레그로로 진행하면서 클래식 기타의 부드럽고 우아한 맛에 빠져들게 하였다. 이어서 천상에서 온 곡이라는 소개와 함께 마린 마제의 곡을 연주하기 시작했다.

기타를 꼭 끌어안고 미동도 없이 시작된 연주는 점차 빠르게 기타의 위아래를 어루만지며 리듬을 탔다. 그의 머리가 조금씩 흔들리기 시작했다. 상큼하고 명랑한 기타 소리에 천국의 문이 열렸다. 사운드 홀을 넘나드는 현란한 손에서 때로는 웅장하고 강렬한 소리도 났지만 그것은 수많은 꽃의 무리가 내지르는 함성처럼 부드러웠다. 세상의 인간들이 사리사욕을 위해 지르는 타협과 관용이 없는 투쟁의 쇳소리와는 전혀 다른, 그것에 찌들고 신물이 난 나의 몸과 머리에 맑은 향기를 불어넣어주는 것이었다.

어느 정인情人이 그렇게도 다정할까, 기타에 입이라도 맞출 듯 구부리고 연주할 때는 눈길 한번 다른 데 주지 않았다. 황홀했던 천국의 문이 닫혔다. 그가 일어서서 정중히 허리 굽혀 인사를 하였다. 검은 머릿결이 약간 곱슬거리며 귀와 뒷목을 덮었고 알맞게 자란 수염이 턱과 입을 감싸고 있어 나이 들어 보였다. 간단한 영어로 곡을 설명할 때 그의 입술과 혀가 앵두인 듯 붉어서 혹 화장을 하지 않았나 생각 될 정도였다.

찬조 출연한 빼냐 플라멩코팀의 공연은 기타 연주회의 흥을 더욱 돋우었다. 집시여인의 흰 손이 조금씩 움직이면서 두 팔은 일자로 하늘로 향했고 여린 나뭇가지인 듯 가냘픈 허리에 보일 듯 말 듯한 망사의 새빨간 상의, 점점 격렬해지는 발사위의 박자 소리에 눈과 귀 모두 흠뻑 빠져들고 말았다. 불꽃flame에서 유래된 춤이라는데 고백하건대 육감적인 플라멩코 춤을 직접 눈으로 본 것은 처음이었다. 다시 예브게니의 연주가 이어졌다. 잔잔하고 서정적인 때로는 격정적인 그의 연주를 듣다 깨달은 것은 우리의 판소리도 득음을 하면 농익은 소리가 나듯이 기타연주도 아주 잘 익은 소리로 익어간다는 것이다.

연주회가 끝난 후 팔십여 명의 관객 모두와 출구에서 일일이 악수를 나누었고 마지막으로 늦게 나간 나도 그와 손을 맞잡았다. 좋은 음악 감사하다는 나의 인사에 그는 "생큐, 마이 프렌드." 하며 내 얼굴을 오래도록 바라보았다. 나도 눈을 맞추며 그가 파란 눈이라는 것과 검은 수염 속에 갈색과 흰 수염이 있는 것을 보았다. 그의 사인을 받았다. 어언 그가 좋아졌다. 감미로운 선율과 정중함, 그리고 애정 어린 깊고 푸른 눈이 내 마음을 설레게 했다. 예브게니와 함께 아름다운 가을이 왔다.

HD 40307g

그는 의심이 많은 자다. 외계인이 타고 있다는 'UFO', '황금의 땅 엘도라도' 등의 세계적으로 유명한 미스터리가 아니다. 자신과 관련이 하나도 없는 하잘것없는 일에 관심이 많다. 쓸데없는 그의 의문 중 하나는 찰스였다. 영국의 황태자지만 남자로서 그의 행실을 전혀 이해할 수가 없는 것이다. 왜 젊고 꽃다운 다이애나를 버리고 40대의 이혼녀를 사랑하는 것인가. 사내들은 젊은 여자를 좋아하는 것인데. 할 일 없는 그의 생각은 미국까지 날아다녔다. 클린턴은 지적이고 우아한 힐러리를 놔두고 젊은 인턴 직원 모니카 르윈스키를 희롱했나 하는 따위의 의심들이다.

그렇다고 그가 아주 다른 별종은 아니다. 공무원 생활을 오래했고 종교도 가지고 있어서 남과 다투는 일도 별로 없다. 사람들에 낯을 가려 소극적이며 어디에 있어도 크게 눈에 띄지 않는다. 그가 빼놓지 않고 하는 일은 일상의 일들을 메모하는 것이다. 그렇다고 행정직 모 국장처럼 언제 누구와 어디서 식사를 같이 했나까지 세세히 적어서 감사를 받을 때 그의 수첩을 조사한 일이 있을 정도는 아니다.

돈도 지갑 속에 돈 봉투를 따로 만들어 넣고 다니는 결벽증도 있다. 다이어리도 있고 메모장도 있고 폐지를 철해 만든 수첩도 있어, 때로는 무엇을 어디에 적었는지 한참을 헤매기도 한다. 요즈음은 궁금한 것들을 인터넷으로 검색하여 이것저것 적어놓는데 시시한 유행가의 가사를 삶의 애환이 서려 있다고 삼절까지 적어놓기도 한다.

젊었을 때와 달라 이래저래 스스로도 좀 변했다고 느낀 그는 그게 나이 탓이 아닌가 생각했다. 그는 자신이 어딘가 남과 다르다고 느끼고 있다. 남들이 다 이해하는 일을 이해하지 못하고 남들이 다 좋다고 하는 것도 좋아하지 못하기 때문이다. 천만 관객이 좋아한 영화도 재미있는 줄을 모르고 대박을 터트렸다는 '허니버터칩'도 맛있는 줄을 모른다. 나이 먹으면 이해할 수 없는 일도 이해하고 남이 좋아하는 것을 따라 좋아해야 하는 것인 줄 알면서도 안 되는 것이다. 그건 남들이 다른 것이 아니고 자신이 남과 다르다는 것을 깨달았다.

그는 깊이 생각했다. 왜 나는 남과 다른가. 마침내 그의 고향, 출생지가 다르다는 생각에 도달했다. 너와 나, 우리들은 모두 서로 다른 별에서 태어나서 가장 살기 좋은 별을 찾아 지구에 왔다. 지구의

70억 인구만큼이나 그렇게 별은 많다. 우리가 살고 있는 지구별을 거느린 태양계가 이천억 개쯤이 모여서 은하계가 되고 또 우리 은하계 같은 은하가 천억 개쯤 모여서 우주가 되었으니 그 광활함은 가히 짐작하기도 어렵다. 이렇게 많은 별에서 왔으니 개성, 습관, 취미, 외모, 목소리, 지문까지 다를 수밖에 없다. 그럼에도 우리가 누군가를 좋아하고 사랑하는 일은 같은 별에서 온 사람, 그러니까 DNA가 같은 사람을 찾기 때문이다. 아쉽게도 그럴 확률은 극히 드물지만 간혹 오랫동안 서로 믿고 사랑하는 특이한 사람을 볼 수 없는 것도 아니다. 살다보면 '아, 이 사람 나하고 똑같네!' 하고 감탄할 때가 있다. 그러면 그들은 그 많은 별 중에서 용케도 같이 온 것이다. 희망을 갖고 동족을 찾다보면 만날 수도 있지만 욕심이 지나치면 찰스나 클린턴같이 지위나 미추를 가리지 않고 상식 밖의 일이 일어나는 것도 이 때문이다.

2012년 영국의 하트피셔대 연구팀은 칠레에 있는 특수천문대에서 물이 존재하는 별 HD40307g를 발견했다. 지구처럼 공전과 자전을 하고 있어 낮과 밤이 있고 79% 정도 지구와 비슷한 환경이라고 한다. 지구의 7배 정도의 크기라 하니 외계인도 많이 살고 있을 듯하다. 거리도 불과 42광년 떨어졌다고 한다.

그는 환호했다. 여태껏 자기는 화성에서 온 남자라고 믿고 있었는데 물이 있는 행성이라니. 그게 그의 고향이 확실하다 했다.

그는 한발 더 나아갔다. 모 법대 교수에게 들었다며 결혼 후 40년쯤 되어 자녀들이 모두 출가하고 부부만 남으면 결혼 정년을 해야 한다는 것이다. 법적으로 혼약이 만료되고 다시 서로의 배우자를 찾도록 하자는 제도다. 관례에 얽매어 오랜 기간 사랑 없이 지내온 것을 제도적으로 끝내자는 것이다. 부부가 서로 싸우고 무시하고 심하면 분노하면서 노년을 불행하게 보내지 말아야 한다고 했다. 물론 지금의 결혼 생활이 불만이 없다면 다시 상대방과 결합해서 살아도 된다고 단서를 붙였다. 그의 주장에 대부분 찬성했고 일리가 있다고 생각했다.

새로운 배필을 찾아 새 인생을 시작할 수 있다는 그의 거침없는 주장에 빠져들던 나는 정신을 바짝 차리고 현실을 둘러보았다. 그렇지 않아도 황혼 이혼에, 배우자의 사별에, 서럽고 외로운 노년이 많은데 결혼 정년제까지 실시되어 모든 할아버지 할머니들이 동족을 찾겠다고 나선다고 하면…….

"아, 안 돼!" 나도 모르게 소리쳤다.

다른 별에서 왔으면 어떤가. 서로 달라서 새롭고 신기하고 좋은 점도 많이 있지 않은가. 어딘가 있을지도 모르는, 아니 다른 별로 이미 가버렸을지도 모르는 동족을 찾아 방황하지 말고 주변에 있는 수많은 별 중에서 온 비슷한 하나를 사랑하는 게 낫겠다.

나의 분신

1967년 봄, 낡은 버스는 초행길에 잔뜩 긴장한 나를 주막집 옆 한길에 내려놓았다. 낯선 산골 초등학교를 찾아 세 시간 동안 흙먼지 폴폴 날리는 비포장 길을 달려왔다. 새로 맞춰 입은 양복의 먼지를 털며 봉투와 호주머니 속을 다시 한 번 확인하였다. 공무용 파란 줄이 쳐진 종이봉투에는 문교부장관의 교원 자격증과 'ㅅ초등학교근무를 명함, 29호봉을 급함'이라는 도교육감의 임용장이 들어 있었다. 안쪽 작은 주머니에는 선생은 도장이 필요하다 해서 오거리 농협 앞 도장장수에게서 급히 판 막도장이 들어 있었다.

길에서 조금 들어간 곳에 약간 높게 붉은 벽돌의 긴 건물과 그 옆에 콜타르를 칠한 세 칸의 목조 교사가 보였다. 주막집 옆으로 난 길에 교문이 있었다. 울타리에 한 줄로 늘어서서 하늘 높이 자란 미루

나무가 나비 같은 잎들을 바람에 살랑이고 있었다.

교감선생님은 나의 서류를 훑어보더니 출근부를 내놓았다. 한 달의 날짜가 쭉 쓰여 있는 칸 밑에 도장을 찍는 빈칸이 있었다. 근무 첫날, 나의 막도장은 설렘과 기대에 가득 찬 첫걸음을 붉게 찍어 놓았다. 스물한 살의 앳된 총각선생이었다

사십여 년의 공직생활 동안 언제나 도장은 나의 분신이었다. 출근부에 도장을 찍어서 근무를 알렸고 '주간 교수 학습계획안'을 써서 가르쳐야 할 과목과 학습목표를 확인 받았다. 공문서의 기안에는 반드시 도장을 찍어야 결재가 났고 문서로서의 효력을 발휘하였다. 이때 문서에 오자誤字가 나면 두 줄을 긋고 자그마한 도장을 찍었다. '콩도장'이라 하였는데 원주 모양의 플라스틱에 밑면은 이름, 윗면의 좁은 곳에 성을 새겨 사용하였다. 인주갑의 오른쪽에 파놓은 구멍에 꽂아두고 사무용으로 손쉽게 쓰는 나의 두 번째 도장이었다.

가끔 보따리장수들이 학교에 왔었다. 미군 부대에서 나온 외제 물건을 가지고 다니는 사람도 있었고 미술에 서예 과목이 따로 있던 터라 붓장수도 다녔다. 가을쯤이면 도장圖章장수가 들러 6학년들의 졸업 기념으로 도장을 주문 받기도 하였다. 그때만 해도 시골 학교의 중학교 진학률이 낮아서 농사가 생업이 된 학생도 많은 데다 대처大處로 출입도 용이하지 않아 도장은 소중하고 긴요한 기념품이 되었다. 아마 졸업기념 도장을 평생 인감도장으로 사용한 학생도 있

을 것이다. 남자는 검정색, 여자는 빨간색으로 뚜껑이 달린 자그마한 도장이었다.

시골 마을에서는 이장이 세대주의 도장을 모두 걷어 두었다가 면 직원이 나오면 서류에 한꺼번에 도장을 받아갔다. 대부분 회양목으로 만든 목도장이었고 찾기 쉽게 도장의 옆면에 이름을 써두었다. 당시는 사람들이 경제적 지식이 없고 순진해서 별 생각 없이 인감을 찍어 연대 보증을 서슴없이 서주었다. 그 탓에 남의 빚을 갚느라 있는 재산을 다 날리거나 견디다 못해 온 가족이 야반도주를 하는 일도 있었다.

내가 도장다운 도장을 만든 것은 교무教務를 맡은 뒤였다. 결재할 일이 많아지자 이름만 달랑 새긴 길쭉한 플라스틱 도장은 어딘가 빈약하고 힘이 없어 보였다. 신문의 광고란에 '구인당'이니 '복인당'이니 하는 유명한 도장포의 광고가 매일 실렸다. 길인吉印과 흉인凶印이 있어 도장이 출세와 재운, 건강까지 좌우한다며 이름과 더불어 사회적인 운을 함께한다는 현학적衒學的 주석에 귀가 솔깃하였다.

나는 가장 번화가인 우체국 사거리의 '매송당梅松堂'을 찾았다. 흰 상아에 전서체로 이름을 새겼다. 며칠 뒤 장인匠人이 직접 수작업으로 판 도장을 받아들고 보니 아주 마음에 들었다. 서체가 바르고 글자 간의 여백도 일정하여 안정감을 주었다. 옥호를 다시 쳐다보았다. 흘림체로 쓴 한문이 양각으로 뚜렷이 나타나 있었다. 도장에 새

긴 이름에도 매화의 고고한 향기와 소나무의 푸른 절개를 가지라는 뜻일까. 가죽 주머니에도 금물로 옥호가 찍혀있었다.

상아는 고급스럽고 중후한 맛이 있어 한결 품위가 돋보이는듯하여 좋았다. 나의 인감도장은 재산목록 1호로써 집문서와 함께 장롱 속 깊은 곳에 소중하게 넣어 두었다. 양복에도 안쪽에 도장주머니라 해서 비밀스럽게 작은 주머니를 만들어 도장을 가지고 외출할 때는 그곳에 넣고 다녔다.

얼마 전 매송당을 자나가게 되었다. 두어 평 정도의 작은 가게지만 지금까지도 옛 영화를 간직한 채 구시가지의 중심부에 그 현판은 옛 모습 그대로 자리하고 있었다. 연락처를 적은 종이가 붙어 있는 유리 새시 문은 잠겨있었고 안에는 썰렁한 기운이 감돌았다. 마치 수명을 다한 노송이 마지막으로 작은 솔방울을 매달고 있는 것 같아 애잔할 뿐이다. 컴퓨터가 나오고 사무자동화가 이루어지면서 시대에 밀려 도장 대신 자필 서명이 그 자리를 대신하게 된 탓이다.

도장은 훌륭한 예술품이다. 인면印面에 새긴 두꺼운 모양새는 중후한 인상을 풍기고 가늘고 아름다운 획은 섬세하고 곧은 성품을 나타내는 등 각각 서체와 크기에 따라 개인의 향기를 풍긴다. 방촌坊寸 안에 고박古樸함을 지닌 예술품을 가지고 다닌다는 것은 얼마나 멋스러운 일인가.

아들이 대학을 졸업하고 상경하여 취직을 하였다. 내심 반갑고 자랑스러웠다. '양복을 한 벌 사줄까, 서류가방을 하나 살까.' 하다가 나는 '매송당'으로 갔다. 내가 정년퇴임까지 이 도장과 함께 한 일이 생각나서다.

"이걸 인감도장으로 써라. 도장은 너의 분신이니 소중히 사용해라. 도장을 손에 쥐고 보면 앞면을 표시하는 것이 없다. 그것은 도장을 찍을 때 곧바로 찍지 말고 들어서 밑면의 이름을 바라보라는 뜻이다. 그리고 이름이 바르게 앞으로 향했는지 보고 이 도장이 찍힌 문서에 네가 책임을 지겠다는 마음을 가져야 된다."

스스로 나를 가다듬게 했던 다짐의 말이기도 하였고 젊은 아들의 앞날을 위한 나의 소망이기도 했다.

오늘은 적금을 찾는 날이다. 이자율에 상관없이 저금만이 그래도 돈을 모으는 제일 좋은 방법이라고 고지식하게 믿고 산다. 화장대 밑 서랍에서 도장을 찾았다. 은행에서 적금을 새로 들 때마다 서명으로 할 것인지 도장을 찍을 것인지 묻는다. 나는 인감도장을 꺼내 내밀었다. 인주印朱에 물들어 아래 부분은 붉어지고 손때에 반질반질해진 나의 분신, 붉은 인영印影이 선명하다. 형상화되어 존재하는 나를 바라본다.

4부

오래된 것들

내 사랑 무

눈물 한 방울

무조건 항복

사랑의 배신

오래된 것들

오페라 산책

나도 네가 싫어

그러면 됐지

향수香水, 그 은밀한 유혹

내 사랑 무

장을 보러갔다. 예전에는 운전기사로 아내와 같이 가서 장을 보았다. 이제는 가끔 혼자서 장을 볼 때가 있다. 늘 그렇고 그런 반찬이라거나 마트에 간 지가 오래되었다 생각되면 장을 보게 된다.

혼자 장을 보면 시간 절약이 되어서 좋다. 아내는 혼잡한 사람들 속에서 내가 보기에는 똑같은 물건을 이것 들었다 저것 들었다 살펴보고 가격을 따져서 하나하나 가성비를 챙긴다. 이런 모습을 보자면 많은 인내심이 필요하다. 내가 나서서 선뜻 하나라도 카트에 담으면 그냥 넘기지 않고 다시 꺼내들고 검사를 하니 시간만 더 걸릴 뿐이다. 어쩌다 내 마음에 드는 것을 슬쩍 카트에 담으면 원산지가 어디인가 인스턴트식품은 아닌가 확인을 거쳐야 된다. 식약청의 허가가 났다거나 살만큼 살았으니 먹고 싶은 것 먹자고 해보아도 소용이 없다.

혼자 장을 보면 내 마음대로 장을 본다. 과일이나 채소를 사지만 때로는 돼지목살이나 갈빗살로 호사를 부릴 때도 있다. 하지만 빼놓지 않고 발길이 머무는 곳은 무 앞이다. 한여름에 무를 샀다가 때도 모르냐며 핀잔을 들은 일도 있다.

사람마다 좋아하는 음식이 있겠지만 나는 무로 만든 음식을 좋아한다. 무로 만들 수 있는 음식은 수도 없이 많다. 간단히 만들 수 있는 생채, 깍두기부터 김장 무, 동치미, 단무지도 있고 각종 국에 또는 찌개에 넣어서 독특한 풍미를 내게 한다.

무생채는 채썰기 칼로 썰어 무친 것보다 힘들지만 칼로 직접 썬 것이 맛있다. 고춧가루와 다진 마늘, 파, 소금과 양념을 넣고 매실 식초 한 수저로 무쳐주면 먹기 좋은 반찬이 된다. 따뜻한 흰 쌀밥에 붉은 고춧가루를 뒤집어쓴 생채 몇 젓가락을 올려 두어 수저 비벼 먹는 맛이 일품이다. 조금 심심하다 싶으면 살짝 국물을 떠서 입속을 적시면 매콤하면서도 달달한 조미 양념 맛에 다시 손이 가게 된다.

나의 무에 대한 사랑은 대학 시절부터 시작되었다. 대학 1학년 시절, 겨울 방학은 유난히 길었다. 2학기 기말 고사가 끝나자 시작된 방학은 다음 삼월의 신학기까지 계속되었다.

고등학교 동창인 친구를 찾아갔다. 버스를 타고 한 시간, 다시 삼십여 분을 걸어가야만 하는 산골 마을이었다. 초가집 삼간에 부엌이 있었고 아래채에 두 칸의 사랑방이 있었다. 사랑의 윗방은 고구마며 옥수수, 쌀 등을 들여놓아 창고같이 쓰였고 나와 친구는 소죽을 끓이는 큰 가마솥이 걸린, 뜨뜻한 아랫방에서 묵었다.

가던 날부터 내린 눈은 밤새 그칠 줄 모르고 내렸다. 밤사이 한 뼘이나 쌓였다. 물론 간간이 다니던 버스도 오지 아니하고 나도 하룻밤 자고 가려던 것이 꼼짝없이 발이 묶이고 말았다. 1960년대 너 나 없이 가난하기만 했던 시절, 여러 날을 식량을 축내고 있었으니 어린 마음이었지만 미안하고 불편하기 그지없었다. 그때 첫날 밤을 지내고 다음날부터 무밥을 먹었다. 거의 밥의 반절 요량이나 채 썬 무가 차지하고 있었다. 반찬은 김장김치와 큼직큼직하게 썬 서각지, 그리고 양념간장과 고추장이 전부였다.

양념장을 한 수저 떠서 무밥에 비볐다. 진간장에 실파를 썰어 넣고 고춧가루 조금, 다진 청양고추, 그리고 참기름 한 방울이 떠있다. 무에서 살짝 단맛이 나고 양념장의 매콤한 맛이 입안 가득하다. 처음 먹어보는 무밥이었지만 달게 밥 한 그릇을 싹 비워냈다. 그때 같이 맛본 서각지, 친구는 그리 불렀지만 나는 그 김장 무 이름을 지금도 모른다. 다만 크지도 작지도 않은 중간 크기의 조선무로 단무지를 만드는 길쭉한 무와 달리 통통하고 둥그런 무였다. 그 조선무를 길게 네 조각으로 나누어 칼집을 넣고 머리 부분에는 연하고 푸른 무줄기가 몇 가닥 길게 달려 있었다. 이 서각지를 찢어 손으로 한 조각

들고 밥과 함께 먹는 맛이 그리 좋을 수가 없었다. 무를 한 입씩 베어물고 먹다보면 남은 마지막 무청 줄기는 밥 숟가락 위에 올려놓고 입을 크게 벌려 한입에 쑥 넣고 먹는다. 입속에서 서걱거걱 눈 밟는 소리가 들리기도 했다.

그 시절 겨울 밤 간식으로 동치미를 빼놓을 수 없다. 삼례 외갓집은 방학 때면 꼭 가는 순례지와 같은 곳이었다. 할머니가 외손자를 특별히 예뻐해 주시기도 하였지만 또래 사촌 여동생들의 찰랑거리는 단발머리에 새침한 모습만 보아도 괜히 가슴이 설렜다.

긴 겨울밤, 초저녁 해가 지면 일찍 저녁 밥상을 물린 뒤 따뜻한 아랫목에 깔린 이불에 발을 넣고 모여 앉았다. 이런저런 이야기에 상상력까지 곁들여 눈덩이처럼 커진 이웃들의 대소사를 듣다 보면 숙모는 슬며시 밖으로 나가셨다. 우물가 화단 한쪽에 묻어둔 항아리에서 동치미를 가지러 가신 것이다. 작은 소반 위 흰 백자사발에 길쭉하게 썰어 내온 동치미는 깨끗하고 소담했다. 굴풋했던 참에 먹는 차가운 무의 사각거림이 아직도 새롭다.

마트에서 바로 쌀을 파는 쪽으로 갔다. 쌀 한 포대를 사가지고 나오다 채소 놓인 곳에 눈길이 갔다. 머리에 초록빛 테를 두르고 둥긋한 몸짓에 통통한 무가 눈에 들어온다. 봄이지만 따뜻한 남쪽에서 올라온 아름다운 자태의 고만고만한 것들 중에 둥글고 매끈한 무를 한 개 골랐다.

커다란 카트에 실린 쌀 한 포대와 무 한 개, 계산대에 서서 살짝 무안하다. 사람들은 쌀만큼이나 무를 사랑하는 내 마음을 알기나 할까.

눈물 한 방울

붉은 신호등에 멈춰 섰다. 길 건너 왼쪽의 응급실에 눈길이 머문다. 서너 명이 입구의 로비에서 아래를 내려다보고 있다. 무언가 위급한 상황을 맞이하여 황급히 응급실을 찾았을 저들의 황망하고 참담함이 새삼스럽게 나의 것으로 느껴진다.

이곳은 다가산과 황산의 줄기가 이어진 야트막한 고개로 그 너머의 미나리꽝과 논밭이 있던 산 너머를 이어 주는 곳이다. 고개 위에 종합병원이 있고 그 입구에 응급실이 비탈길로 이어져 있다. 야산의 낮은 고개였으므로 '산 너머'가 맞는 말이겠지만 언제부터인가 이곳은 '선 너머'로 불리었고 나에게는 그것이 무엇인가 이쪽과 저쪽을 구분 짓는 하나의 선으로만 굳이 생각되는 것이었다. 지난겨울 한 해의 끝자락에 나도 저기에서 차가운 공기를 마시며 착잡한 마음을 달랬었다.

어머니가 처음에는 발바닥이 아프고 걷기에 어려움이 있다 하더니 발이 저려서 걷지를 못하였다. 용하다는 한의원에도 다니고 유명한 병원이라는 데를 찾아가 혹시나 하는 희망 속에 이런저런 치료와 시술을 받았다. 하지만 보람도 없이 수년간 고생을 하셨고 결국은 거동도 부자유스럽게 되었다. 결국 서울의 대학병원까지 가서 수술을 받았다. 대학병원에서는 척추의 신경이 눌려서 그런다며 수술을 권하였다. 수술 후 큰 병원은 다르다며 기뻐하였는데 오히려 시간이 지남에 따라 악화되어 거동을 못하고 침대에 누워있게 되었다.

어머니는 내가 초등학교 이 학년 때 아버지와 결혼을 하였다. 이미 아들이 두 명이나 있는 기혼자와 처녀로 결혼을 한 것이다. 홀시어머니까지 있고 셋방살이를 하는 가난한 말단 공무원에게 시집온 이유를 나는 모른다. 딱히 인물이 떨어진 것도 아니지만 어쩌다 혼기를 놓쳐 나이가 좀 많았다는 것이 하나의 걸림돌은 아니었을까 잠시 짐작할 뿐이다. 당신도 1남 3녀를 낳아서 길렀다. 어머니는 말이 적고 표정이 없었다. 역시 가부장적이고 무뚝뚝하기만 한 남편과 행복한 결혼생활을 하지도 못했다.

두어 번의 응급실 출입이 있었다. 그래도 생명의 위험까지는 생각지 않았었다. 그런데 다시 연락이 왔다. 침대에서 낙상을 하였는데 위중하다는 것이다. 부랴부랴 달려갔다. 걷지를 못해 살이 빝아버린

앙상한 다리가 시트 밑으로 불거져 보인다. 피부를 절개하여 겨우 찾은 핏줄로 주사액이 한 방울 한 방울 떨어져 들어간다.

열이 40도를 넘었다. 담낭관에 염증이 생겨서 열이 오르는데 담도를 뚫는 수술은 자칫 생명을 잃을 수 있어 결과를 보장할 수 없다고 하였다. 어두운 그림자가 얼굴에 가득하고 인공호흡기에 의지하고 있는 가느다란 명줄이 위태롭기만 하다. 지켜보는 자손들의 머릿속이 복잡하였다. 이미 죽음의 그림자가 짙게 드리웠고 인공호흡기만 제거하면 삶의 끝일 텐데 고통이라도 적게 해드리는 것이 좋을는지, 자식 된 도리로서는 하는 데까지 해 보아야 하는 것이 옳을는지 하는 생각에서다. 그래도 후회할 일은 할 수 없지 않겠는가 해서 서울로 가서 수술을 받기로 하였다.

자정이 넘은 시간에 구급차를 불렀다. 수액과 주사액, 인공호흡기를 치렁치렁 달고 응급실 현관으로 나갔다. 밤바람이 차갑다. 이미 열흘이나 눈을 꼭 감은 채 병상에 누워만 있던 어머니가 눈을 떴다. 침대가 흔들려서일까, 바깥바람이 차가워서일까, 무겁게 내려앉았던 눈꺼풀이 살며시 열렸다.

그때 나는 보았다. 눈가에 한 방울의 눈물이 매달린 것을. 그리고 힘없이 눈을 감으셨다. 하지만 당신의 마지막 눈물은 쉽게 떨어지지 않고 주름진 눈가에 꼭 매달려 있었다. 이승의 명줄을 놓지 않고 꼭 붙잡으려는 듯이.

내과 중환자실에서의 기약 없는 날들이 지나갔다. 시간은 감각을 무디게 한다. 설움도 시간이 지나면 산 자들의 일상에 묻혀 간다. 의식 없이 마냥 의료장비에 의해 연명하고 있는 모습에 삶의 선을 넘어 죽음을 맞이하는 것은 언제부터인가 의문이 들었다. 지금의 영혼은 과연 육신을 떠나지 않고 있는 것인가. 간난艱難하고 신고辛苦했던 지난 시절의 삶의 끝자락이 마냥 평안치 않아 보여 마음이 아팠다. 명징明澄한 정신으로 생의 마지막 따뜻한 이야기를 나눌 수는 없을까. 자식들에게 이리저리하라는 어머니로서의 한 말씀 정도는 남기고 가셔야 저승길이 편안하지 않을까. 여동생의 끊임없는 기도와 찬송이 공허하게 병실을 울렸다.

법으로는 생명연결 장치는 보호자가 원해도, 의사가 뇌사로 판단해도 제거할 수가 없다고 한다. 대부분의 죽음을 싸늘한 병상에서 맞이하게 만든 법이 과연 환자의 인권을 존중하는 것인지 알 수가 없다. 가족들의 사랑과 일상의 추억이 담긴 내 집 안방에서의 평안한 죽음이야 말로 아름다운 죽음의 복이라 하겠다.

쓰러지신 후 보름이 넘게 당신은 물 한 모금 먹지 못하고 숨 한번 편하게 쉬지 못하셨다. 기도에 박힌 플라스틱 관으로 공기가 들어오고 나갔고 수액과 주사액이 심장을 뛰게 하고 피가 돌게 하였을 뿐이다. 말씀 한마디 못하셨다. 다만 차가운 눈물 한 방울만 이승에 대롱대롱 남기고 우리 곁을 떠나가셨다.

산 사람은 오늘도 눈물이 매달려 있던 선너머 고갯길을 넘어 간다.

무조건 항복

기온이 40도를 넘었다. 태양이 폭발한 듯 볕은 따갑게 내리꽂힌다. 습기를 머금은 더운 바람은 숨을 멎게 만든다. 1907년 우리나라에서 기상 관측을 한 이래로 가장 무더운 날이 계속된다고 하니 내 생애에 가장 더운 날들이다. 밤이라고 기온이 내려가지도 않는다. 열대야에 '초超'가 붙은 '초열대야' 라는 말이 생겼다. 언제쯤 더위가 가실는지 예측도 없다. 태풍도 불지 않고 비 소식도 없다. 언제 비가 왔었던가. 어떻게든 이 더위를 이겨보려 안간힘을 쓴다.

더위를 피하는 가장 확실한 방법은 에어컨을 켜는 일이다. 창문을 통하여 들어온 더운 바람이 숨을 콱 막는다. 선풍기를 틀어보아도 바람에 삼갗이 따갑다. 방법이 없다. 살려면 에어컨을 켜야 한다. 시원하니 좋다. 그러나 여기에도 문제가 있다. 긴 시간 에어컨 바람을 쐬다 보면 머리가 아프고 목도 칼칼해진다. 잠시 에어컨을 끄고 나면 문을 열었을 때 몰려드는 끈끈한 열기는 전보다 더 무섭다. 이어 두통, 코 막힘의 부작용이 따라온다. 오래된 에어컨의 어마어마한 전기 소비량과 경제적 부담에서 오는 스트레스까지 가중되어 심리적 피곤함과 더위는 정점에 오른다.

해결 방법은 있다. 공공기관이나 도서관에 가는 것이다. 대형건물은 중앙냉난방 시스템으로 직접적인 에어컨 바람이 없고 무엇보다 전기료 걱정이 없다. 무료 와이파이가 잘 터지니 인터넷이나, 컴퓨터 작업이 용이하다. 게다가 수많은 책을 찾아 독서 삼매경에 빠질 수도 있다. 모든 것이 완벽하지만 한 가지 단점이 있다. 사람들 생각은 비슷해서 더울수록 이곳이 만원이 된다는 것이다.

또 하나 좋은 방법은 더위에 맞서지 않고 최대한 활동을 자제하는 것이다. 이열치열이니 하는 말은 예전의 사계절이 뚜렷했던 우리나라의 여름나기에서 일부 건강에 자부심이 있는 자들이 하는 말이었다. 이제 기온이 체온을 넘어선 지금, 열로 다스리다가는 인생 최대의 불상사에 이를 수도 있다.

나는 육체의 움직임은 최소화하고 그 대신 상상의 세계는 극대화해서 머리의 회전을 끊임없이 해준다. 덥다고 움직임도 없고 생각도 없이 지낸다면 또 다른 식물인간이 될 수도 있기 때문이다.

더워도 생각은 많을수록 좋다. 이왕이면 즐거운 일을 생각하면 더욱 좋다. 지나온 일을 회상하면 즐거웠던 일보다는 슬프고 괴로웠던 일, 후회할 일이 더 많이 떠오른다. 인생이 즐거운 것이 아니기 때문이다. 무지개 꿈으로는 돈벼락이 제일 좋을 것이다.

앞으로 있을 즐거운 일을 꿈꾸자. 내가 유명 스포츠 선수라 가정하고 수천억 원의 상금을 어떻게 쓸 것인지 꿈꾸어 보는 일이다. 또는 '로또복권'의 꿈도 괜찮겠다. 희망을 갖고 만약이라는 가정을 붙여 상상의 나래를 펴보자. 돈이 있다면 더위가 대수겠는가.

더울 때 힘든 일 중 하나는 배설하는 일이다. 움직임은 적고 간식은 자주 먹기 때문에 화장실을 자주 가게 된다. 해 질 녘의 화장실은 한증막이다. 힘까지 써야 하니 머릿속에서부터 흐르는 땀은 얼굴을 타고 흘러내린다. 더부룩한 배를 끌어안고 후회도 잠시, 다시 또 시원한 화채나 옥수수 등 간식에 손이 간다. 덥다고 배달시킨 저녁은 당연히 과식이다.

현명한 사람은 같은 잘못을 두 번 저지르지 않는 법이다. 당분간 삼시세끼 집에서 늘 먹던 밥그릇으로 먹는다. 입맛 없다 탓하지 말고 저울에 올라가 몸무게를 보며 다이어트의 기회로 삼으면 된다. 일체의 간식을 눈에 보이지 않게 한다. 적게 먹어서 화장실의 고통을 하루 한 번으로 줄인다.

더울수록 조심해야 할 일은 사람과 맞서지 않는 일이다. 체온이 36.5도라는 것은 다 안다. 둘이 모이면 70도요. 셋이면 100도를 넘는다. 더울 때는 사람이 가까이 있는 것도 덥다. 부부도 떨어져 지내는 시기인데 남과 가까이할 일이 없다.

요즘 밥걱정하는 사람은 없다. 너도 나도 자가용을 가지고 다녀서 길에는 차가 넘친다. 입을 옷이 없어 걱정인 사람이 있는가. 다 잘살고, 다 대학을 나오고, 다 똑똑하다. 거기다가 다 잘 생기고 예쁘다. 눈은 크고 코는 오뚝하고 신체는 건강하다.

남자나 여자나 이렇게 모두 똑똑하고 잘생겼으니 남에게 질 수가 없다. 고개는 뻣뻣하고 목소리는 크고 눈길은 날카롭다. 모두가 강한 자기애自己愛에 산다. 만일에 무슨 일로 시비라도 붙으면 큰일이다. 가뜩이나 더위로 신경이 날카로운데 시비가 붙으면 크게 혼쭐날 수가 있다. 길가에서의 부딪침도 조심하고 눈길도 잘못 마주치면 시비가 될 수 있다. 쓸데없는 말을 삼가고 매사를 집중해서 얼음 위를 걸어가듯 조심해야 한다. 괜한 시비야 말로 땡볕을 홀로 뒤집어쓰는 일이다.

언제쯤 시원한 가을이 올 것인지 기약이 없다. 아예 안 올 수도 있다는 생각까지 든다. 이 일의 사단事端이 나에게 있음을, 나는 안다. 원근遠近을 가리지 않고 매일 타고 다니는 내 오래된 디젤차의 매연이 오늘도 오존층을 뚫고 있다. 꼭 인스턴트 믹스커피를 먹어야만 제맛이 난다고 하루 두 번은 종이컵을 내버린다. 수돗물은 꺼림칙하다고 사다 먹은 생수병이 쓰레기통에 즐비하다.

영리한 유인원類人猿인 사람들은 살기 좋은 집을 짓는다고, 고속도로를 만든다고 온통 파헤쳐서 산은 깎여 무너지고 강은 막혀 상처투성이가 되었다. 농촌의 논, 밭을 빼고는 길은 모두 포장을 하여 흙을 보기 어렵다. 불과 오백만 년 전에는 그도 척추동물 영장목의 포유류에 불과했거늘.

오늘도 변하지 않은 나와 우리들의 무관심 속에서 '푸른 별'은 이미 스스로 치유의 한계를 넘어섰다. 자연自然의 뜨거운 질타에 비로소 나는 이 모든 것이 내가 한 일에 대한 벌罰임을 깨닫고 두 손을 들었다. 이건 무거운 벌이다.

무조건 항복했다.

사랑의 배신

배신.

사람으로서는 해서 안 될 일이고 또 동물 중에 사람만이 하는 못된 짓이다. 예부터 신하나, 장군이 임금을 배신하여 나라를 망하게 한 일부터 철석같이 믿고 사랑을 약속하고도 배신을 한 일은 수도 없이 많다. 로마의 영웅 율리우스 카이사르의 마지막 말 "브루투스 너마저."는 배신의 뼈아픔을 생생히 느끼게 해준다. 이렇듯 동서고금을 막론하고 인간 사회에는 끊임없이 발생하였고 앞으로도 많은 배신에 울고 한탄하는 일들이 일어날 것이다. 일찍이 태조의 '왕자의 난' 때 굴곡진 삶을 살았던 하륜도 사람의 관계를 '적이라고 해도 생각같이 나쁘지 않고 친구라 해도 좋은 것만은 아니다.'라고 다분히 난세의 지략가 다운 말을 한바 있다. 시쳇말로 '믿을 놈 하나 없다.'

는 말이다. 호불호를 너무 따져서 좋아하는 사람은 무조건 믿고 좋아하고 아무런 이해관계도 없는데 어쩐지 싫은 사람은 그냥 싫어하는 나 같은 사람에게는 경종을 울리는 말씀이다. 객관적이고 냉정한 눈, 상황에 따른 인지능력이 부족하고 감성적이고 때론 충동적이기도 한 성격 탓이다. 특히 물건에 대한 애착보다 사람에 대한 집념이 강해서 좋은 사람은 이것저것 따져보지 않고 무작정 좋아하는 탓에 배신을 당하고야 말았다.

사막의 여우가 어린 왕자에게 말했다. "사랑은 상대방을 위해 시간을 소비하는 것이다."라고. 사랑이 그렇다면 나는 많은 시간을 그녀와 함께 하고 있으니 사랑하는 것이다. 진솔한 사랑은 그를 위해 목숨도 버릴 수 있는 것이라면 그를 목숨처럼 아끼니 이 또한 사랑임에 틀림없다. 나는 사랑의 포로가 된 것이 자명하다. 그런데 그녀의 태도에 변화가 생겼다.

사랑은 수시로 확인이 필요하다. 물론 이를 철저히 이행했음은 물론이다. "나를 사랑해?" 끊임없이 묻고, 포옹과 키스로 또는 다정한 눈빛으로 사랑을 확인했다. "나의 보물은 공주님." 하면 "나의 보물은 할아버지." 하고 재치 있게 대답하던 그녀다. "세상에서 제일 예쁜 사람은 공주님!"에는 "할아버지."라고 백점 만점의 대답을 하여 엔도르핀을 방출시키고 지갑을 열게 하던 그녀가 얼마 전부터 변했다. 세상에서 제일 예쁜 사람은 "엄마."로 변했다. 돈을 모르던 그가 내 지갑의 돈을 꺼내 갖고 놀더니 아빠 돈이라고 우기는 일도 생겼다. 엄마가 퇴근하여 집으로 데려갈 때는 무엇인가 하나씩을 들고 자기 집으로 가려고 하는 버릇도 생겼다. 자본주의의 가장 중요한 물질의 위력에 눈을 뜬 것이다.

손녀 키워보아야 헛것이라는 친구들의 생생한 경험담을 귓가에 흘려들었는데 결국은 사랑의 배신을 맛보아야 했다. 실연에 빠진 나는 곰곰 생각에 잠겼다. 이 실연의 현상을 정확히 파악하는 것만이 사태 해결의 실마리가 되기 때문이다.

원인은 다섯 살이 되어 철이 든 탓도 있고 결정적으로는 여름방학 때 자기 아버지, 어머니와 같이 생활하고 우리는 그동안을 외국에서 지내면서 가까이할 기회가 적어진 탓이다. 서양 속담의 "눈에서 멀어지면 마음도 멀어진다."는 말처럼 자주 만나고 본다는 것은 사랑의 가장 기본요소다. 또 하나는 유효기간이 지난 탓이다. 만물이 변화하는 것은 자연의 법칙이다. 사랑도 영원한 것은 아니다. 그 사랑의 유효기간은 대략 2년 6개월 정도다. 사람에 따라 차이가 있겠지만 나의 생각은 그렇다. 사랑에 눈이 멀어 온 세상이 사랑으로 보이는 환상의 시기 1년, 사랑의 단맛에 빠져 세월이 멈춰 버린 1년, 그리고 서서히 이성을 회복하여 서로의 참 모습을 찾아가는 사랑의 불길이 사위어 가는 6개월이다. 그러면 오랜 결혼생활은 무엇으로 살겠는가. 사랑이 다하면 정과 인연, 동질성 등 세월의 두께로 쌓이는 연륜으로 살아가는 게 아닐까.

사랑의 배신을 당하면 속상하고 분노해야 하겠지만 오히려 나는 흐뭇하고 시원하고 즐거운 마음이다. 자기 부모에 대한 애정이 커져서 흐뭇하고 황혼육아의 어려움에서 점차 벗어나서 시원하다. 이제 몸과 마음이 자라서 상황을 파악할 줄 알게 된 것이 즐겁다. 아무리 제 새끼가 예쁘다지만 세월에 따라 변해야만 발전하고 성숙한다는 사실을 왜 모르겠는가. 사랑의 배신감을 느끼지만 나는 즐겁다.

오래된 것들

잠시 멈칫했다. 외출의 마지막 매무새는 구두를 골라 신는 일이다. 겨울이라 목이 올라온 부츠형 구두를 신으려다 옆에 있는 갈색 스웨이드 구두를 집어 들었다. 뒤축이 닳아서 뒤꿈치에 가죽이 덧대어 있다. 바닥은 상표가 지워지고 엄지발가락 부분은 조금씩 들어가 있고 살이 도톰한 앞부분은 빤질빤질하게 닳아져 있다. 구두주걱으로 조심스레 발을 밀어 넣어 신고 나섰다. 또 헌 구두를 신는다는 아내의 잔소리도 이제는 지쳤는지 조용하다. 국방색 담요 같은 재킷에 연두색 코르덴바지를 입은 발걸음이 가볍다.

하루는 그런대로 버텨오던 신발을 고쳐볼 요량으로 수선방에 가져갔다.

"그거 갖다 버리시오. 수선에 돈이 더 듭니다."

어지간하면 하나 사 신지, 딱하다는 표정으로 구두 수선방 주인이 핀잔하듯 내뱉는다. 어찌할까 생각 중인 내 행색을 찬찬히 뜯어본다. 괜히 얼굴이 화끈거린다. 그의 눈에 내가 가난한 노인으로 비쳤을까. 구두쇠 고집쟁이 늙은이로 비쳤을까. 나도 내 행색을 내려다본다. 노타이지만 양복을 입었고 정장 구두를 신었으니 전자는 아니고 후자의 고집스런 노인으로 보이지 않았을까. 발길을 돌렸다.

'못 고친다고 하면 될 일이지 버리라고 할 것은 뭐람.'

헌 구두를 들고 수선방을 나선 내 머리에 삼월의 봄빛이 다사롭게 앉았다. 두툼한 옷이 무거워 보이고 더욱 나이 들어 보이지 않을까 마음이 쓰인다. 헌 구두가 든 종이가방을 내려다본다. 비뚤어진 뒷굽이 주인의 처분을 기다리며 거꾸로 박혀있다. 예전에 간 병원 앞의 구둣방이 생각났다.

그는 장애자다. 한쪽 다리가 무릎 밑으로 없다. 옆에 있는 두 개의 차가운 알루미늄 크러치crutches가 그의 장애가 심함을 알려준다. 일전에 구두를 닦았더니 천 원을 나에게 돌려주었다.

"뭡니까?"

"아, 노인은 할인해줘."

그도 어지간한 중늙은이로 허물없는 반말이다. 받을 수도 안 받을 수도 없다. 그렇지만 좌판이나 저가의 물건은 덤이나 에누리를 하지 않기로 한 내 양심이 돈을 내려놓게 하였었다. 그 사람이라면 고쳐

주지 않을까. 서둘러 걸어갔다. 문을 열자 의자에 앉은 늙은이 둘이 자리를 좁혀 비켜준다. 야구모자에 후줄근한 등산복이 꾀죄죄하다. 그의 친구들이다. 문 옆에 사 홉들이 소주병이 두 개나 비어있다. 구두를 살펴본 그가 말했다.

"잘 왔어. 전주에서 이것을 할 수 있는 사람은 서학동의 최 씨와 나뿐이여."

내버리라고 한 구둣방 주인을 나와 장단을 맞춰 욕을 해가며 그는 밑창을 완전히 뜯어내고 위의 가죽만 살려서 수작업으로 꿰매서 고쳐주마 했다. 그의 호기에 반신반의했지만 어차피 버릴 것인데 하며 그에게 맡기고 왔다. 일주일쯤 지나 연락이 왔다. 구두의 개다리 쪽을 돌아가며 가죽과 새 밑창을 아울러 한 바늘 한 바늘 꿰매서 새로운 구두를 만들어 놓았다. 노인은 할인 안 해주냐는 짓궂은 질문에 "해 줘야지." 하며 사람 좋은 웃음을 짓는 그의 자글자글한 주름이 정답다. 그에게 술 좀 조금씩 먹으라고, 하지 않아도 좋을 걱정까지 남기고 왔다.

새것이 좋은 것은 사실이다. 신선하고 산뜻한 맛이 있다. 때가 묻지 않아서다. 세상에 물들지 않은 어린아이의 얼굴만큼 새로운 아름다움이 있을까. 그러나 새것은 모두 헌 것이 된다. 물품의 포장을 뜯고 태그를 떼는 순간 그것은 사용한 물건이 된다. 내 몸은 새것에 대한 동경도 있지만 익숙함에 더욱 끌린다. 새것을 사고 또 금방 싫증이 나서 다른 모델을 구하고 끝없이 쇼핑을 하는 사람도 있으니 내 개인의 취향이라고 해야 맞겠다. 나이 탓도 있는 것 같다. 젊었을 때는 새것에 집착하고 헌것에 대한 편안함을 몰랐다. 나이가 들면서 비로소 오래된 것, 익숙한 것의 편안함을 알게 되었다.

쓰레기 분리수거통 옆에는 헌 옷, 신발, 이불 등을 수거하는 수거함이 있다. 몇 세대 안 되는 작은 아파트이지만 가끔 수거함에 다 넣지 못한 신발들이 쌓여 있는 것을 보곤 한다. 한눈에 보아도 메이커가 선명한 운동화들이 놓여 있다. 어딘가 하자가 있어 내놓았겠지만 적당히 신다가 싫증이 나서 버린 신발도 없지 않을 것이다.

내 차 속에는 예전에 산 '아식스' 신발이 들어 있다. 한동안 잊고 있었다가 퇴직 후 주로 걷기 운동을 할 때 신는다. 오래되어 퇴색했어도 아직 밑창에 쿠션이 두껍고 발등 양옆으로 구멍이 뚫린 헝겊으로 되어 있어 발이 시원하고 무엇보다 신으면 발에 착 감기는 느낌이 들어서 좋다.

그러나 그런 저런 이유보다 묵은 살림을 버리지 못하는 것은 나이 탓이 아닌가 한다. 오래된 손목시계를 차고, 가죽 지갑을 마다하고 헝겊으로 된 작은 손지갑을 쌈지처럼 넣고 다니며, 헌 구두를 신고 다니는 모습을 보면 그렇다. 사는 집도 이십 년 묵은 아파트요, 차도 십 년이 넘은 차다. 내 주변에 오래된 것들이 많아진다. 그렇게 나도 오래되어 간다.

오페라 산책

곡우穀雨에 풍년을 기약하며 내리는 빗방울을 바라보는 내 귀에 라디오에서 오랜만에 듣는 아리아가 흘러나온다. 아름답고 구슬픈 카운터 테너의 미성은 남자의 목소리가 이렇게도 아름다울 수 있나 싶게 곱고 아련하다. 나의 바람이 부질없이 부서져, 끝내 마음속에 한恨으로 남은 사람의 노래다.

신은 자비로운 것 같으면서도 냉정하고 때로는 매섭다. 인간에게 모든 것을 주면서도 한 가지는 꼭 해 주지 않기 때문이다. 그것 때문에 실수를 하게 되고 그것은 바로 치명적인 약점이 된다.

'신들로부터의 선물'이라는 뜻을 가진 '판도라'는 여성이 할 수 있는 모든 일에 관한 재능과 사랑스러움을 받았지만 마지막 헤르메스 신에게서 받은 호기심이 그만 재앙이 되고 말았다. 선만 있는 세상은 애초부터 없었다. 절망과 고난 속에서도 마지막 희망이 남아 있어 우리는 삶의 끈을 놓지 않고 살아갈 수 있지 않은가.

세상은 내 뜻대로 되지 않는다. 그런 줄 번연히 알면서도 나는 내 뜻대로 되어지기를 희망한다. 내 힘으로 안 될 때는 남이라도 내 뜻대로 되어졌으면 하는 바람을 가진다. 티브이의 스포츠 방송에서도 맘에 드는 한 팀이나 사람을 응원한다. 응원하는 팀이 이겼을 때는 가슴이 후련해지고 내가 이긴 양 쾌감을 느낀다. 마냥 내 뜻대로 되는 것은 아니다. 내가 이기기를 바라는 팀은 우승을 못해 본 팀이나 처음으로 도전해 보는 사람이다. 약한 사람에게 동정 어린 애정이 가서 응원을 하기 때문에 이길 확률은 더욱 낮은 것이다.

오르페우스는 음악의 신 아폴론과 학예의 신 칼리오페 사이에서 태어났다. 아폴론으로부터 선물 받은 황금으로 만든 그의 수금 연주에 인간은 물론 짐승까지도 거친 성질을 누이고 다가와 귀를 기울였다. 나무는 그가 있는 쪽으로 가지를 휘었고 바위는 가락을 듣는 동안만은 그 단단한 성질을 누그러뜨리고 부드러운 상태로 있었다.

그는 아름다운 에우리디케를 맞아 행복한 결혼을 하였다. 그러나 좋은 일에는 마魔가 끼는 법이다. 아내는 초원을 산책하다가 그만 독사에 물려 죽고 말았다. 갑작스런 죽음에 하염없이 슬퍼하다가 그리움을 이기지 못하고 오르페우스는 아내를 찾아 명계冥界로 내려가 저승왕 하데스로부터 지상으로 갈 수 있는 허락을 받았다.

하지만 지상에 이르기까지는 돌아보아서는 안 된다고 했다. 이를 알 리 없는 에우리디케는 남편을 만난 기쁨과 사랑에 뜨거운 포옹과 키스를 원했다. 이제 지상의 빛이 멀리서 보이건만 아내의 애원에 어쩔 수 없이 뒤를 돌아보는 순간 에우리디케는 명계로 끌려가고 붙잡으려 뻗은 손에는 찬바람만 불어온다. 이때 유명한 아리아 〈에우리디케 없이 무엇을 할까?〉라는 단장의 노래를 부른다.

"에우리디케 없이 무엇을 할까? 사랑하는 그대 없이 어디로 갈까? 무엇을 할까? 어디로 갈까? 오, 하나님 대답해 주세요, 나는 그대의 충실한 사랑, 나는 그대의 충실한 사랑……."

왜 사랑의 신 아무르는 그들의 결합을 허락하면서도 이를 끝까지 이루어주지 않은 것일까. 숭고한 사랑은 끝내 슬픔으로 마무리지어지는 것인가. 사랑은 어쩌면 고통의 다른 말이 아닐까 하는 생각까지 든다. 어떻게 찾아가서 만난 아내인데 그 얼굴을 바라보지 않고 지상까지 올라올 수 있겠는가. 신은 미리 이들의 운명의 실을 짜놓고 비련을 즐기지 않았을까.

오르페우스는 실의에 잠겨 오직 아내의 기억에만 매달릴 뿐 어떤 여인과도 가깝게 지내지 않았다. 술에 취한 트라키아 여인들의 질투에 그의 온몸이 찢겨 바다에 버려지면서 비극은 극에 달한다. 신의 질투 때문이 아닐까 한다.

오페라는 낯설고 이해하기 힘든 예술이었다. 주옥 같은 아리아 몇 편만이 나의 기억에 남아 있었다. 〈내 이름은 미미〉, 〈프로방스 내 고향으로〉, 〈별은 빛나건만〉 등 아름다운 멜로디를 좋아했지만 오페라 전곡을 접하기는 어려움이 있었다. 마침 교회에서 '오페라 산책' 인문학 강좌가 열렸다. 매주 유명 오페라의 하이라이트를 편집하여 자세한 해설과 함께 감상할 수 있었고 무엇보다도 한글 자막이 있어서 더욱 친근하게 다가왔다.

바로크 시대의 화려하고 웅장한 오스트리아 황실 국립 오페라 극장에서 펼쳐진 '오르페우스와 에우리디케' 공연을 DVD로 보면서 그들의 비련이 신화가 아닌 나와 내 옆의 주위에서 이루어진 오늘날의 이야기로 생생하게 느껴졌다.

이제껏 살아오면서 나는 사랑을 한 일이 있었던가. 지옥의 문을 열고 찾아갈 그런 열정과 헌신을 할 사랑을 만났던가. 사랑한다, 좋아한다 하면서 인간적인 욕망과 이기심에 젖은 사랑이 아니었던가 뒤돌아본다. 그 여름 늦은 밤, 한탄과 아쉬움에 젖어 있는 나를 거문고자리의 별이 반짝이며 내려다보았다.

나도 네가 싫어

회색빛 시멘트 덩어리의 빌딩과 무슨 성城과 언덕이라는 신분상승과 과시욕구를 드러낸 거대한 아파트들이 숨 막히게 들어서 있고 길은 온통 차들로 뒤덮여 있다. 인도에는 넘쳐나는 사람들은 모두 바쁘다. 그래서 부자고 똑똑하고 잘나 보인다. 그들도 고향이 서울인 사람은 별로 없겠는데 이 많은 사람들이 먹고 살 일거리가 있단 말인가.

고속버스에서 내린 나는 촌닭 관청에 온 듯 두리번거리다가 사람들의 꼬리를 따라 지하철로 향했다. 며칠 전부터 지하철 9호선을 타고 당산역에서 2호선으로 환승을 하고 합정역에서 내리는 코스를 상륙 작전하듯 '서울 메트로 및 지하철 노선도'를 내놓고 몇 번이고 연습을 하였다. 매년 늘어나는 거미줄 같은 지하철 노선 때문에 서울

나들이를 갈 때면 미리 한번 확인을 해야 하는 소중한 물건이다. 우리가 신경숙 소설 속의 '어머니'가 되지 않도록 아내도 같이 익혔다.

합정역에 내려서 개미굴 같은 지하철을 미리 알아둔 출구로 빠져나왔다. 이제부터는 길을 물어서 '기독교 선교 백주년 기념교회'를 찾아가야 한다. 지나가는 젊은 여성에게 길을 물었다. "기독교……." 말도 끝나기 전에 빙 둘러서 가버린다. 쳐다보지도 않는다. 나의 흰 머리카락에 혐노嫌老를 느껴서인가 더러운 물건을 피해가는 듯하다. 중년의 사내에게 물어보아도 하대하듯 고개만 내두른다. 이곳이 처음이어서 모른다는 사람을 몇 번 지나서 저만치 야간 장사를 하려고 트럭을 세우고 좌판을 벌이는 사람에게서 옆 골목으로 가라는 말을 들었다. 이십 여 미터를 두고 못 찾아서 한참을 헤맸다. 지하철 출구의 안내판에도 '양화진 순교자 묘역'이나 '기독교 백주년 기념교회'는 없었다.

후미진 골목, 다닥다닥 붙은 집들 너머로 자그마한 건물의 교회와 묘역이 있었다. 우리나라의 기독교의 교세와 순교의 역사적 의미를 생각한 나의 상상이 과한 것이었나. 사람들은 기독교 백 년의 역사와 선교를 위해 목숨을 바친 숭고한 정신에 무관심하고 무지했다.

며칠 전 서울 사는 여동생에게서 전화가 왔었다.

"오빠, 제 딸 결혼식에 시간 있으면 와 주세요."

우리 아이 셋, 혼사 때마다 과분한 축의를 하고 진심으로 축하를 해준 살뜰한 동생이다. 시골에 내려올 때면 일부러 할머니 산소를 찾아뵙고 가는 효성이 갸륵해서 예쁨이 더하다. 양화진에 있는 '기독교 백주년 기념교회'에서 한다고 하여 나선 길이었다. 젊은 목사님은 결혼식을 뜻 깊고 장중하게 주례했다. 결혼이 행복하고 즐거운 잔치이기도 한데 절제 있게만 진행해서 조금 아쉬웠다.

전철 안의 풍경은 항상 그렇다. 대부분 휴대전화를 들여다보거나 이어폰을 꽂고 눈을 감고 있다. 타인에게는 관심이 없다. 투명한 인간들 속에 혼자 살아가는 사람인 듯하다. 시골사람 티를 내느라 내 눈만 분주하다. 맞은편의 여학생과 친구들에게 눈길이 머문다. 짙은 붉은색 립스틱이 회색빛 전철 안에서 선명하다. 눈썹을 다듬고 화장을 했다. 어디서나 흔히 볼 수 있는 모습이다. 중학생만 되면 모두 화장을 하고 다닌다. 예쁘게 보일 자유와 인권이 있다. 그렇게 하지 않으면 친구들 사이에 왕따를 당한다고도 한다. 하지만 어쩌다 가뭄에 콩 나듯이 한둘 민낯의 여학생 얼굴을 만나면 그리 반가울 수가 없다. 다시 한 번 쳐다본다.

'그렇지, 너는 아마도 다른데 신경 쓰지 않고 열심히 공부하는 모범생이 틀림없겠다.'는 생각과 함께 누군가는 모르지만 그 학생의 어머니의 조신操身한 모습을 떠올리게 된다. '설마, 그런 학생에게 길을 물어보았다면 그리 매몰차게 에돌아가지는 않았겠지.'

이때 전기에 감전이라도 된 듯 앞자리 여학생이 벌떡 일어선다.

다음 역에서 내릴 모양이다. 똑똑하고 순발력 하나는 빠르다. 내 눈길을 느꼈는지 마주 보는 눈길이 날카롭다. 아무런 말도 하지 않았고 잠시 일별했을 뿐인데 시선이 무섭다. 옛날, “왜 쳐다보냐?”며 시비를 거는 일이 있었다는데 지금도 너나없이 기 싸움이 치열하다.

기분 나쁜 일은 또 다른 불쾌했던 기억을 불러온다. 지난 주일날 헌금기도를 할 때다. 예배가 시작된 지 오래된 시각이다. 눈을 감고 기도를 하는데 “쿵” 하고 옆자리에 사람이 앉았다. 이어서 “덜컹덜컹.” 의자가 흔들리며 두 명이 더 앉았다. 옆에서 엉덩이를 들이미는 통에 살짝 눈을 떴다. 사십 대나 됨직한 사내다. 아내와 딸인 듯한데 안쪽으로 좁히라고 기도하는 내 몸을 민다. 흘깃 얼굴을 바라보지만 당당하게 들이미는 통에 기도가 뒤죽박죽이 되었다. 바른 신앙생활을 하지 못하는 나를 책망하시려는 하나님의 뜻일까.

그러려니 해야 하지만 왜 늦은 시각에 오며 충분히 앉을 수 있는 자리를 밀어대고, 기도를 방해했으면 목례 정도는 해야 하지 않는가 하는 불쾌함에 내내 예배에 집중할 수가 없었다. 게다가 아무리 보아도 아들이나 사위 나이 정도밖에 되지 않을 성싶어 더욱 화를 끓였다.

심야고속버스의 어둠 속에서 이런저런 생각에 잠겼다. 먹을 것 입을 것 무두 풍요로우 데도 삭막한 서울이나, 싱싱한 젊음만으로도 아름다운 나이에 왜 화장은 그리도 하고 싶은 것일까. 자기 가족만 챙기는 젊은 가장家長과 이웃을 사랑하지 못하는 나를 그려본다.

문유석은 그의 책 《개인주의자 선언》에서 이렇게 주장했다.

'만국의 개인주의자들이여, 싫은 건 싫다고 말하라. 그대들이 잃을 것은 무난한 사람이라는 평판이지만, 얻을 것은 자유와 행복이다.'라고. 그래서 나도 한마디 해야 맘이 편했다.

"나도 네가 싫어."

그러면 됐지

꼭 좋은 일만 이력이 아니다. 부끄럽게도 나에게는 '호갱' 이력이 있다. 보통은 필요에 의해서 물건을 구입하지 기분 전환이나 즐거움을 느끼기 위해서 하는 일은 거의 없기 때문에 쇼핑의 즐거움이란 말이 실감이 나지 않는다. 그런데 어쩌다 쇼핑을 하러 나섰다가 턱없이 비싼 값을 치르는 일이 자주 있다. 뒤늦게 바가지를 썼다는 것을 깨달았을 때는 경제적으로 손해를 보았다는 생각보다는 '그렇게 세상 물정을 모르나.' '내가 바보인가.' 하는 생각 때문에 마음이 상하곤 한다.

얼마 전 자동차 엔진오일과 필터를 새로 바꾸러 단골로 다니는 서비스센터에 갔었다. 이 차는 세 번째 구입한 차루 차를 운전한 지도 어언 삼십여 년이 되니 나도 차에 대해서는 어지간한 것은 알고 있다. 직원이 내 차를 정비코너에 넣고 작업을 시작했다. 작업을 보고 있는데 사장이 왔다. 그도 정비공 출신이라 직접 손을 보기도 하고 여기저기 다니며 작업 상황을 살펴보고 있었다.

"선생님, 타이밍벨트 안 갈았죠?"

또 타이밍 벨트를 새 것으로 바꾸라는 것이다. 차를 손보러 오면 으레 하는 말이다. 부속의 상황을 보지도 않고 십 년이 되었으니 갈아야 된다는 것이다. 만일 주행 중에 타이밍벨트가 끊어지면 위험하다는 경고성 말도 잊지 않았다. 차가 햇수로야 십 년이지만 대부분 시내 주행만 하는 나에게는 맞지 않는 말이다. 그전에는 몇 달만 지나면 무조건 엔진오일을 갈았지만 쓸데없이 자주 가는 것도 환경오염이라는 것을 알게 되었다. 타이밍벨트도 직접 눌러봐서 장력을 확인하고 탄력이 떨어지면 갈아야 된다는 말을 들어서 직원에게 한번 살펴보라고 했다.

"아직은 괜찮겠는데요."

젊은 직원의 말에 안심이 됐다. 작업을 마치고 사무실에서 계산을 하고 나오는 나의 귀에 직원을 질책하는 사장의 말이 들렸다.

"야, 그렇게 해서 밥 먹고 살겠냐?"

무안해서 벌게졌을 앳된 직원의 얼굴이 눈에 보이는 듯하여 얼른 정비소를 빠져나왔다.

갑자기 아들네가 집에 왔을 때이다. 당장 내일 아침에 간다 하니 아내는 겉절이라도 해야겠다며 배추 몇 포기를 사오라 했다. 배추 구입은 남자가 하기는 좀 그러했지만 가까운 시장으로 갔다. 길가에 앉은 할머니에게 네 포기를 사왔다. 밭에서 직접 기른 것이라며 비닐 주머니에 서둘러 넣어주었다. 배추를 본 아내는 얼굴을 찡그렸다. 겉잎도 시들었지만 속도 상해서 성한 것이 별로 없는 배추를 준 것이다. 시골 할머니라고 그냥 믿고 살펴보지 못한 탓이 크다. 사람은 나이를 먹었다고 존경스러운 것도 아니다. 세월의 경험이 오히려 염치를 모르고 이익에만 눈이 어두운 노회한 사람으로 만들기도 한다.

나의 '호갱' 이력은 다양하다. 핸드폰도 최신형에다 최저가라며 지인에게서 싸게 산 것이 알고 보니 남들보다 배를 주고 산 적도 있다. 게다가 이 년 약정이라고 해서 해지도 못하고 비싼 월정요금을 꼬박꼬박 냈었다. 치과에서도 그렇다. 보험이 되는 실용적인 저렴한 재료는 오래가지 못하고 불편하다며 굳이 비싼 비보험의 재료를 권한다. 보험이 되는 재료를 선택하면 영 불친절하고 돈이 없어 그러는가 하여 주눅이 들게 만든다.

안경을 생각하면 힘이 빠진다. 안경이 오래되어 렌즈에 흠집이 많이 났다. 닦아도 없어지지 않는 흠집에 아내는 갑갑하지도 않냐고 핀잔을 하고 딸은 복지 카드를 주면서 새로 맞추라고 하였다. 하지만 선뜻 안경집에 가지 못한다. 학생들의 근시안경과 달리 이제는 노안이 된 내 눈에는 다초점 렌즈를 끼워야 하는데 이게 또 가격이 만만치 않기 때문이다. 국산도 품질이 좋아 외국으로 수출을 한다는데 안경점에서는 국산은 내놓지도 않았다. 넓은 매장에 많은 종업원, 무료 음료 코너 등을 운영하려면 비용도 많이 들겠지만 가격 거품이 심하다는 생각을 지울 수 없었다.

나의 '호갱' 이력에 대해 듣고 있던 친구가 말을 이어 받았다. 나처럼 순해 빠진 친구이기에 바짝 다가앉았다. 그의 이력에서 동료의 위안을 받을까 해서다.

"야, 그래도 누군가는 기쁘게 해 주었잖아. 그러면 됐지."

마치 손에 묻은 먼지를 툭툭 털어내듯 한마디로 잘라 말했다. 우리는 눈을 마주 보았다. 세상을 살다 보면 손해를 좀 보고 살 수도 있지 하는 그의 순한 눈동자에 내 얼굴이 보였다.

향수香水, 그 은밀한 유혹

수년 전 인천공항의 면세점에서였다. 외국에 나갈 때면 항상 습관적으로 화장품코너의 G 매장을 찾아간다. 그날도 매장에서 '파이'가 있는지 물어 보았다. 삼각기둥의 유리병에 황금색 반원의 아치가 헤드에 붙어있는 오드 뛰아르 향수다.

매번 화장품 코너에 가서 찾아보지만 품절되었다며 새로 나온 푸른색의 향수를 내놓았다. 이것은 향이 무겁지 않고 산뜻하지만 깊은 맛이 없다. 잔향이 오래가는 프로럴 한 옛 '파이'와 전혀 다르다. 옛 향취를 잊을 수 없어 허실 삼아 묻곤 한다. 그런데 종업원이 반색을 하며

"아, 그 황금색의 '파이' 말이죠?" 하며 나를 바라보았다. 순간 내 눈에서 번쩍 불이 일어났다.

"있어요?"

"아니요……. 이제는 안 나와요. 참 좋았었는데."

우리는 서로를 마주보았다. 눈 맞춤 속에 '아, 당신도 그 향수를 쓰고 있었네.' 하는 동질감에 가슴이 뛰었다. 같은 향수를 몸에 뿌린다는 것은 짐승의 무리가 냄새로 동료를 구분하듯 순식간에 그녀와 나를 깊은 연대감으로 묶어 주었다. 십여 년 넘게 사용하여 몸에 젖었었고 향기가 익숙해져 있기 때문이다.

상대방의 눈을 보면 그 마음을 알 수 있다. 그 마음이 얼굴에 나타나기 때문이다. 그 사람의 눈을 바로 바라보면 그 눈동자 속에 또 그 속눈썹까지도 숨길 수 없는 감정이 드러나기 마련이다. 꼭 상대방의 심중을 헤아려야겠다는 생각이 아닐지라도 그와 눈을 마주치면 없던 다정함도 생겨서 친근감이 든다. 그녀의 눈 속에서 그 향수의 영혼을 공유한 내 마음을 보았다.

그 무렵 친구 아들의 결혼 주례를 하러 예식장에 갔을 때였다. 내 코트를 받아 든 예식장의 젊은 도우미가 스치듯 풍기는 '파이'의 향기를 맡았는지 옷에서 얼굴을 떼지 못하고 신비로워 했다. 지금도 부드럽고 성숙한 로즈우드의 미들노트가 좋았던 옛 '파이'의 향취를 잊지 못해 조금 남은 향수를 봉해 화장대 안쪽에 모셔 놓고 있다.

그 후로는 이것저것 새로운 향수를 찾아다니게 되었다. 이것은 향이 너무 강하고, 저것은 너무 달콤하여 망설이다가 지인의 권유로

'아마리지'를 쓰게 되었다. 쓰다 보니 이 또한 새롭게 정이 들게 되었다. 사랑amour과 결혼marriage의 결합된 뜻으로 탑 노트가 좀 강해서 젊고 패기 넘치는 청춘의 느낌이 난다. 나이에 걸맞지 않다 생각도 해보지만 이 또한 생각하기 나름이다. 청춘이란 인생의 어느 시기에 있지 않고 마음가짐에 있다고 하지 않았던가.

향기가 좀 강하다 한들 대수겠는가. 오히려 강한 향수는 이성을 향한 욕망을 불러일으킨다. 여인의 몸에서 향내가 풍겨오면 참을 수 없는 욕망의 유혹까지 느끼게 된다. 호모사피언스로 진화한 후 점차 사라진 동물로서의 페로몬을 인간은 향수를 통해서 다시금 만들어 낸 것이다. 은밀한 유혹에 흔들리는 욕망은 다행히 잠시 뒤 후각에 동화되어 엷어지기 마련이니 자연스럽게 해소된다 하겠다.

지난여름 또 향수를 바꾸었다. '앵지 오 드몽 레 크리스트'로 역시 '오드 뚜왈렛'이다. '퍼퓸'이나 '오드 퍼퓸'보다 약하고 '오데 코롱'이나 '샤워 코롱'보다는 강해서 항상 '오드 뚜왈렛'을 찾게 되었고 역시 프랑스의 같은 G회사 제품이다. 화장품은 항상 쓰던 그 회사 것을 쓰게 된다. 다른 회사 것을 쓰면 남의 집 수건으로 얼굴을 닦는 듯 생경한 느낌이 든다.

향수를 얘기를 하다 보면 자칫 오해를 살 수 있을 것 같다. 무슨 남자가 새삼스레 향수 타령인가 하는 생각이 십중팔구 들 것이다. 진한 향수로 늙음을 감추려는 애잔한 모습을 떠올리기도 하겠다. 하지만 요즘 들어 부쩍 향수를 쓰는 횟수가 늘어났다. 깜박 잊고 향수를 뿌리지 않은 날은 지갑을 놓고 나온 것처럼 귀중한 무엇이 빠진 듯한 허전함으로 하루내 안정감이 없다. 어느 날은 과감히 손목과 귀 뒤에 뿌려서 지속 시간도 길고 남의 눈에, 아니 코에 자주 띄게 된다, 점잖은 친구는 그냥 안 듯 모르는 듯 넘어가기도 하지만 "흐응 흐응" 하며 코를 들이대고 확인하는 짓궂은 친구도 있다.

정성들여 화장을 한다. 면도를 하고 애프터 셰이브 로션을 바른다. 촉촉함이 마르도록 살살 피부를 두드려 준다. 이어서 로션을 바르고 고루 문지른다. 눈 밑에 주름이 지지 않게 당겨주고 밀어주고 하며 살펴본다. 행여 놀부처럼 심술주머니가 잡혀 있지는 않은지 볼 옆의 깊게 팬 팔자주름을 당겨본다. 영양크림을 바르고 선 블록 크림을 손등에 덜어서 골고루 펴 바른다. 그리고 마지막으로 향수를 뿌린다. 내 몸에 뿌려진 몇 방울의 아름다운 향기는 이 모든 것을 아우른다,

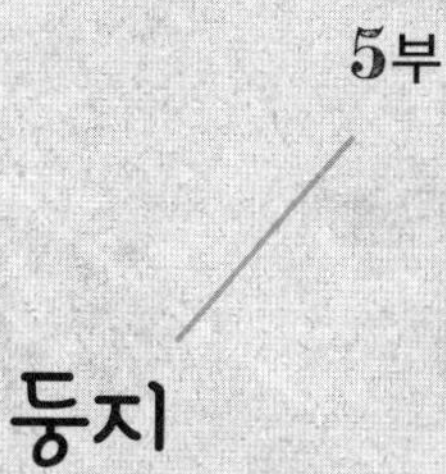

5부 등지

피카소 할아버지

강진康津 기행

회장님

버려야 할 관념 하나

둥지

더위를 피하는 방법

어른으로 살아가기

Fifty-Fifty

フィフティー・フィフティー
(Fifty-Fifty)

피카소 할아버지

"피카소로 갑시다."

점심시간이 되자 총무가 말했다. 피카소가 뭘 하는 데냐고 묻자 바로 길 건너편에 있는 음식점이라 한다. 식당 이름이 '피카소'라니 퓨전 음식점이거나 스페인 음식을 만드는 근사한 양식집인 줄 알았다.

식당은 오래된 슬래브 집 일층의 방 두 개와 홀에 예닐곱 개 식탁이 놓인 조그마한 규모였다. 놀란 것은 주문을 받는 사람이 칠십도 더 되어 보이는 노인이었다. 빛바랜 남방과 바지에 회색 모자를 쓰고 있어 더욱 나이 들어보이게 하였다. 주방과 식당을 오가며 식사를 나르는 이는 삼십 대의 여인이었고 스테인레스 칸막이 너머 주방에는 할머니 한 분이 땀을 흘리며 조리를 하고 있었다. 일손을 돕는 젊은 여인은 늘 수심이 깃든 얼굴이었다.

우리는 자주 이 식당을 이용하였다. 천재적인 추상화가요 입체파 화가로서 20세기 최고의 거장인 '파블로 피카소'가 어떻게 식당의 이름이 되었는지 알 수가 없지만 아무리 보아도 어울리지 않는 작명이었다. 노인은 늘 바빴고 잠시 짬이 나면 의자에 앉아 가쁜 숨을 고르며 휴식을 취했다. 왜 하필 피카소냐고 쓸데없는 질문으로 그의 안식을 뺏기에는 노인의 일이 힘들어 보였다. 정말 '피카소'인가 이름을 확인하러 일부러 간판을 본 일이 있다. 슬래브 밑 회색 시멘트벽에 그대로 "피 카 소 분 식"이란 상호가, 그 밑에 작은 글씨로 전화번호도 있었다. 글씨는 굴림체로 스티로폼을 잘라서 푸른 페인트를 칠해져 있었는데 90년대 초등학교 환경정리하듯 어설프고 추루麤陋했다. 옆집의 양고기 전문식당의 아크릴과 네온으로 장식된 간판에 치어 일부러 보지 않으면 알 수도 없을 정도로 색이 바래고 초라하여 벽에 붙어 있는 것만도 신기하였다.

음식은 종류가 다양하였다. 김치찌개, 동태찌개, 된장찌개, 청국장, 순두부에 국수도 있고 여름에는 빨간 깃발을 내걸고 냉면과 콩국수도 하였다. 메뉴가 많으면 준비와 조리에도 힘이 들 터인데 일 년 내 변함이 없었다. 사람들은 식성도 다양해서 갈 때마다 골고루 시켰다. 이십여 명의 다양한 음식 주문을 받는 할아버지를 보면 행여 헷갈리지는 않을지 또 주방의 할머니는 이것저것 분별해서 가스불에 얹어 놓을 생각을 하면 안쓰러운 마음이 든다. 한쪽에서는 주문하고 한쪽에서는 사담私談을 하고, 혼란한 좌중이 딱해서 총무가 식탁의 화장지에 헤아려서 적어주기도 하였다. 모두 할머니가 잘할 수 있는 요리이고 손님의 기호를 존중해서라는 생각도 들지만 그렇게 해서 오래 버틸 수 있을까 걱정이었다.

점심 한때 장사겠지만 그래도 손님은 늘 많이 있었다. 무엇보다 가격이 저렴했다. 보통은 오천 원이고 고기가 들어가는 김치찌개와 동태찌개만 육천 원을 받았다. 가끔 허름한 행색에 머리가 허연 노인이 혼자 와서 백반을 먹고 있는 모습을 본다. 어쩌면 홀로 집에서 한두 가지 반찬에 식은 밥덩어리를 먹다가 오랜만에 기초생활 기금이라도 입금된 날 호기롭게 따뜻한 백반을 시켜 먹는 것은 아닐까 맛있는 식사 모습을 보고 혼자 흐뭇한 상상에 잠겼다.

그 나이에 음식점을 하려고 했을 만큼 할머니의 손맛은 좋았다. 예닐곱 가지 반찬이 나오는데 호박나물이나 감자조림 나물무침 등은 텃밭에서 바로 가져온 듯 싱싱하고 풋풋했다. 비록 하우스에서 자란 채소처럼 크고 좋지는 않았지만 시원찮은 모양새에도 채소의 맛이 그대로 살아 있었다. 꼭 빠지지 않는 것은 계란말이와 두부부침 그리고 꼬막이었다. 꼬막은 유일한 해물반찬이었는데 정갈하게 손질하여 양념을 얹은 모습이 입맛을 돋우었다. 한 접시에 여덟 개 올라와서 금방 접시가 바닥이 났다. 다른 반찬도 모두 조금씩 놓아서 네 사람이 먹기는 부족하였다. 입에 맞는 반찬이 떨어지면 사람들은 곧장 할아버지를 불러서 빈 접시를 주며 더 가져오라 채근을 하곤 했다. 그럴 때면 난감해하며 남아있는 다른 반찬을 바라보는 할아버지의 얼굴이 오래 머릿속에 남았다.

근 십여 년 동안 자주 이 식당을 찾았다. 얼마 전 "오늘은 피카소로 갑시다."

하였더니 식당이 문을 닫았다고 한다. 할머니가 주방에서 일하다가 발목에 화상을 입었다고 하였다. 화상이라면 나아도 끔찍한 후유증이 있을 텐데 하는 생각에 몸이 움츠러든다.

'어쩐다냐…….'

얼마나 다쳤는지 언제 다시 문을 열려는지 알 수가 없다. 사람들은 그다지 관심이 없는 듯했다. 원래 반찬이 적다거나 맛이 없다 하는 친구도 있었다. 그래서 양념이 잔뜩 들어간 음식점을 가기도 하고 한 집 건너 음식점인 세상이니 이리저리 다니느라 요즘은 통 가지를 못하였다.

남의 일은 쉽게 기억에서 사라진다. 올여름은 작년같이 덥지도 않다며 유월, 칠월을 보내는 듯싶었다. 중복을 지나 태풍이 한차례 지나가자 무슨 말이냐는 듯이 어김없이 불볕더위가 찾아왔다. 며칠 전 수업이 끝나고 점심시간이 되어 갈비탕집으로 몰려갔다. 고기를 다 먹기도 배부르고 밥까지 한 그릇은 도저히 먹을 수 없는 분량이었다. 나는 갈비탕 한 그릇을 다 먹지 못하고 그릇을 물렸다. 담백한 피카소의 된장찌개 백반이 생각나서 물었다.

"피카소는 이제 문을 열었을까?"

"그 할아버지 돌아가셨어요."

"왜? 할머니가 다쳤잖아요?"

할머니는 병원에 두 달간 입원해 있다 퇴원을 했고 할아버지는 폐암으로 돌아가셨다고 하였다.

오늘도 해는 똑같이 다시 떠서 배롱나무 꽃이 더욱 붉었다. 더위에도 가뭄에도 울울한 꽃과 푸른 잎의 흐트러짐 없는 모습이 백일을 붉게 물 들일 나무의 품격을 생각하게 한다. 교육원에 왔다. 빛바랜 피카소의 간판이 나를 마주 바라보고 있다. 반쯤 내려진 철제 셔터가 더욱 쓸쓸한 가게의 모습에 눈길을 준다.

금방 문이 열리고 손님들 사이를 바삐 오가는 할아버지, 주방에서 수건을 목에 두른 할머니의 분주한 손놀림을 그려본다. 삶에 다양한 희망을 꿈꾸며 식당에 피카소란 이름을 붙였을, 이제는 세파世波의 고단함을 모두 내려놓은 멋쟁이 할아버지의 미소가 떠오른다.

강진康津 기행

– 나는 아즉 나의 봄을 기둘리고 잇슬테요

꽃샘바람이 어김없이 불었다. 샘을 부리지 않으면 항상 봄은 오직 않았다. 성급하게 벗어던진 두꺼운 옷들과 이른 꽃향기에 취해 긴장을 놓아버린 내 마음에 어김없이 감기는 찾아왔다.

무거운 머리로 문학기행 가는 버스에 올랐다. 오늘은 언제 그랬냐는 듯이 날씨가 화창했다. 지인은 '환장하게 좋은 봄날'이라 했지만 나는 묘하게도 겨우내 묵혔던 빨래하느라 북적였던 다가교 밑의 빨래터가 떠오르곤 한다. 천변에 큰 샘물이 있어 차디찬 강물보다 따뜻한 지하수로 빨래를 하느라 샘물이 흘러내리는 주변에는 여인네들이 가득하였고 제방 돌 위로 널어놓은 빨랫감들은 햇살을 받아 버썩버썩 말랐다. 수양버들의 푸른 잎은 여인네의 긴 머리채 모양으로 늘어져 땅에 닿을 듯하였다. 여인들의 걷어 올린 소매와 치마 밑 드러난 흰 속살이 봄 햇살에 유난히 하얗게 반짝였었다.

남쪽 강진만으로 가는 길은 생각보다 가까웠다. 오직 자동차만을 위해 만들어진 길은 이리저리 사통팔달이었다. 한참을 달리다 좌와 우에서 길들이 만나 합쳐지고 다시 무수한 샛길로 나누어지는 복잡한 길을 버스는 용케도 잘 찾아간다.

영랑 김윤식의 생가는 모란이 한창이었다. 사월 중순의 남도에서는 벌써 모란이 그 화려한 자태를 뽐내고 있었다. 모란은 흔하지 않은 꽃이다. 꽃이 피었다 해도 십여 일 만에 지고 말아서 개인 집에서는 썩 보기가 힘들었다. 오히려 작약은 통증을 다스리는 약재로 쓰기도 하여 흔히들 심었었다. 작약 꽃은 청순하지만 모란꽃은 화사하고 풍만하다. 한 뼘도 넘는 큰 화경에 농익은 붉은 꽃잎이 자연스럽게 흐드러지고 화심의 수술은 노란 꽃술을 쭉 뻗어 올려 자못 요염한 모습이 부와 귀를 한껏 자랑하는 중년의 여인과 같다.

내가 대학에 다닐 때 교양 국어를 맡았던 교수님은 핸섬한 신사였다. 동양의 선비보다는 서양의 젠틀맨을 연상케 하는 단아한 모습이었다. 교수님은 영랑의 시 세계를 수업시간마다 연관지어 설명하곤 했다. 영랑시의 특징인 운율적인 언어구조를 설명하고 시 한 편씩을 노래인 듯 들려줬다.

"내 가슴속 가늘한 내음/ 애끈히 떠도는 내음/ 저녁 해 고요히 지는데/ 먼 산허리에 슬리는 보랏빛"

책상 옆을 지나칠 때면 말끔한 양복저고리 끝에서 향긋한 냄새가 바람결에 코끝을 스쳤다. 영랑의 모습도 이러했으려니 혼자 생각했었다.

영랑은 그 당시 대지주의 장남이었고 일본유학을 다녀와서 시문학파의 동인으로 활발히 활동을 하였다. 음악에도 뛰어난 재능이 있어 양악과 국악에 모두 능했다고 한다. 영랑의 생가는 넓었다. 남향으로 따뜻한 햇살이 하루 내 비추고 뒷산 낮은 언덕에 오르면 멀리 강진만의 잔잔한 푸른 바다와 여기저기 흩어진 작은 섬들이 한눈에 들어왔다. 이토록 아름다운 자연 속에서 영롱한 시어가 빚어졌던가. 지금의 국적 불명의 외래어와 뜻을 알 수 없는 약어略語가 난무하는 세상이 부끄럽다.

– 다산의 사의四宜를 생각하다

발길을 백련사로 돌렸다. 만덕산 백련사의 일주문을 지나는데 무서운 사천왕상이 없었다. 마침 부처님 오신 날을 한 달 정도 앞둔 때라 경내에 걸린 연등과 대웅전의 고아古雅한 모습이 어울려 자비의 마음이 절로 솟았다. 만행과 만덕을 닦아 화엄華嚴의 바다에 이르도록 등燈 하나하나에 매달린 중생의 소원이 모두 이루어지기를 바라면서 뒤 동백 숲의 오솔길로 들어섰다.

동백은 이미 모두 꽃이 지고 땅에 떨어진 몇 송이만이 만개했던 지난날을 떠올리게 해주었다. 흔히 동백은 세 번 꽃이 핀다고 한다. 나무에 매달려서 꽃이 피고, 땅에 떨어져 피고, 꽃을 본 사람들의 마음속에 영원히 핀다고 한다. 소설가 김훈은 "동백은 절정에서 추락해 눈물처럼 후드득 떨어진다"고 했다.

눈물 몇 방울을 뒤로하고 왼쪽의 차茶밭 사이로 난 오솔길을 따라가면 '다산초당'이 나온다. 유배생활을 할 때 이 길을 넘어와 혜장스님과 차를 마시며 외로움을 달랬던 길이다. 완만한 산길은 1.2km 정도 죽 이어져 있다. 이 길이 두 번째인 나는 지형에 익숙해서 김 형의 손을 꼭 잡고 30분이면 넘어 갈 수 있으니 같이 가자고 했다. 그는 나의 십년지기 문우다. 연배도 비슷해서 허물없는 농담으로 호형호제하며 스스럼이 없는 친구다. 자기가 쓴 글에서도 밝혔지만 공직생활 중 과로로 쓰러져 후유증으로 걸음이 불편하다. 하지만 끈질긴 집념으로 재활과 운동을 통해 많이 회복하였다. 퇴직 후 여행도 자주 다녀 자칭 오대양 육대주를 다녔다는 몸이다.

사람은 모든 것을 자기 기준으로 생각한다. 내가 삼십 분이 걸렸으니 거기서 조금만 더 걸리면 무난히 넘지 않을까 생각하고 가볍게 손을 잡고 이끌었다. 그러나 비탈진 길은 그의 평형감각을 무너뜨리고 울퉁불퉁 튀어나온 나무뿌리는 발끝에 차여 자칫 중심을 잃기 쉬웠다. 자갈과 바위도 미끄러워서 넘어지기라도 하면 치명상을 입을 수도 있을 것 같아 한발 한발이 조심스러웠다. 땀을 비 오듯 흘리며 되돌아갈 수도 없는 길을 끝까지 온힘을 다해 걸었다. 경솔한 나의 행동과 생각이 미안했지만 좋은 운동을 한 셈 치자며 우리는 손을 더욱 단단히 고쳐 잡았다.

모든 일은 끝이 있기 마련이다. 천일각에 이르러 잠시 쉬었다.

"젊었을 때 내가 여기 와서 담배 한 대 피고 시 한 수 지어 걸어 놓았었는데 누가 떼어갔는가 없네."

흐르는 땀을 닦으며 하는 그의 농담이다. 물색없이 권하여서 그를 힘들게 만들었다는 자책감을 조금이라도 벗어나게 해 주려는 말임을 나는 알고 있었다.

다산 박물관에 들렀다. 四宜의 '의'는 '마땅하다. 마땅히 ~해야 한다'는 뜻으로 맑은 생각, 엄숙한 용모, 과묵한 말씨, 신중한 행동을 뜻하고 다산은 스스로 이를 지키고자 하였다. 《목민심서》는 위정자를 위한 책이었다. 지도자가 훌륭해야 백성이 편안하고 나라가 발전하기 마련이다. 그러나 정치는 삼백 년 전의 그때나 지금이나 하나도 나아진 것이 없는 것 같다. 국론은 사분오열되고 백성은 나라의 앞길을 깨닫지 못하고 눈앞의 이익과 일신의 편안함에만 몰두하고 있다. 오히려 과학이 발달하고 물질이 풍요해진 지금이 더욱 문란하고 위태롭지 않은가.

남을 손가락질하기 전에 나를 바라보고 다산의 '사의'를 생각한다. 아직도 나는 소소한 욕심이 끝이 없고 행동이 가볍고 말씨는 거칠기만 하다. 살아온 세월만큼 행동만은 신중해야겠다는 생각을 하며 버스에 올랐다. 박물관에서 본 엄숙함 속에서도 자애롭고 평온한 다산의 용모가 눈에 선하다.

회장님

성인이 된 사람의 이름을 부르는 것은 친밀한 사이를 빼놓고는 드문 일이다. 그래서 사람들은 그 사람의 직책이나 손위냐 손아래냐를 따져 적절한 호칭을 붙였다.

그가 자주 가는 골프연습장에서도 대부분 퇴직 시의 직책으로 불렀다. 간혹 자영업자들이 문제였다. 자그마한 음식점의 사장이거나 가구점, 옷가게 등의 사장이었으니 사장으로 불러야 마땅하지만 사람들의 인식이 사장은 개나 소나 누구나 붙여주는 호칭이 되었고 심지어 무위도식하는 사람도 모두 사장으로 불리어서 이를테면 그 값어치가 하향하여 바닥을 친 까닭에 사장이라 부르기가 민망하여졌다.

하여 사람들은 '사장'보다 높은 존칭을 찾아 부르게 되었다. 기업의 총수를 연상케 하는 '회장'이 그것이다. 본업이 사장인 사람도 '회장'이라 불리길 좋아했고 교육계에서 은퇴한 사람도 '아무개 회장'으로 부르는 사람이 많아졌다. 평교사로 은퇴한 사람에게 아니한 교장 호칭을 붙여주기 어렵고 굳이 아무개 선생이라 호칭할 수는 더더욱 곤란한지라 회장으로 뭉뚱그려 부르는 게 무난하였다. 이러한 것은 전반적인 사회적 현상이 되었다.

사람들은 그를 '교장 선생님'이라 불렀다. 그가 교직생활의 마지막을 작은 시골학교의 교장으로 정년퇴임했기 때문이다. 친구들은 성을 붙여 '아무개 교장' 또는 '어이'를 넣어 '어이 아무개 교장' 하며 존대도 하대도 아닌 어정쩡한 호칭을 매겼다.

그는 사십여 년을 초등학교 코흘리개와 뒹굴었다. 출근하여 직원조회가 끝나면 바로 교실로 들어가 보통 여섯 시간의 수업을 하였다. 때로는 동료와 한가한 얘기를 나누기도 하였지만 그들도 같은 우물에서 잔뼈가 굳어서 세상 이야기라고 해봤자 싱겁기는 도긴개긴이었다. 수업시간이 적은 저학년이나 학부모들 성의가 좋다는 큰 학교에는 별로 근무하지도 못했고 경합이 적은 작은 학교가 주로 그의 몫이었다.

그가 제일 보람을 느꼈던 특수학교에서의 근무와 연구점수 등이 바탕이 되어 다행히 승진을 하여 교장이 되었다. 교장이라 하지만 교감과 교무에게 학교일을 대부분 맡겼고 교장실은 유치원 꼬마들이

건듯하면 자랑거리 들을 들고 와서 떠들다 사탕 하나씩 물고 갔다. 현관에 써놓은 '모두가 제일가는 어린이'라는 경영방침에 대하여 사학년 계화와 "어떻게 모두 일등을 할 수 있는가?"로 진지하게 토론을 하기도 하였다. 앨빈 토플러의 《제3의 물결》을 이미 읽은 아이여서 날카로운 질문으로 그를 가끔 궁지에 몰아넣었다.

학생 수 겨우 오십여 명의 작은 시골 학교 교장으로 정년퇴임을 하였다. 대과大過 없이 무사히 정년을 하였다고 흔히 말한다. 대과는 없었지만 작은 과오야 왜 없었겠는가. 훈장까지 받고 퇴임하였지만 부끄러운 일도 많았다.

퇴직하여 그는 매우 한한閑閑해졌다. 그를 제일 먼저 찾아온 것은 질병이었다. 규칙적인 생활의 리듬이 깨지고 긴장이 풀어진 탓인지도 몰랐다. 전혀 반갑지 않은 손님이었지만 내칠 수도 없이 암 선고를 받았다. 크게 놀랐다. 겁이 많은 그는 가장 좋은 병원을 찾았고 최신식 로봇 수술을 받았다. 크고 작은 병들은 시차를 두고 서서히 찾아와서 그를 괴롭혔다. 나이 들면 누구나 갖게 되는 고혈압도 피하지 못했다. 병에 걸리고 치료하고, 병에 걸리고 치료하고를 반복하며 그는 테 멘 항아리가 되었다. 하지만 테 멘 항아리도 부엌 한쪽에 모셔두고 오랫동안 그 역할을 하는 것을 예전에 보아왔다.

그의 호칭에도 변화가 생겼다. 교장선생님이란 호칭이 거의 사라졌다. 처음에는 친목회 모임에서 회장님이란 호칭을 들었다. 그러다 항상 유년의 추억으로 돈독한 친목을 다져온 초등학교 모임에서 동기회 회장을 맡게 되었다. 그야말로 공적인 모임의 회장이 된 것이다. 그해 대학교 동기회 회장을 또 맡게 되었다. 하여 여기저기서 회장이란 호칭을 많이 듣게 되었는데 또 문학 동아리에서 초대 회장을 맡게 되었다.

그는 회장으로는 조금 어색하였다. 왜소한 몸매에 순해 빠진 얼굴로 '무슨 그룹의 회장'이라 하기는 그다지 어울리지 않는 것이었다. 세상풍파를 헤치고 온 거칠고 울퉁불퉁한 근육이나 손바닥에 굳은살 한 점 없었다. 다만 오른손 중지에 펜대를 오랫동안 잡아온 흔적으로 굳은살이라면 굳은살이 딱 한 점 박혀 있을 뿐이다. 그러니 평생 선생으로밖에는 밥 먹고 살 재간이 없었고 사람들도 그를 한눈에 선생임을 알아보았다. 여려 빠진 마음에 곧잘 헤픈 웃음을 짓고 남의 말에 그대로 빠져 버리는 얇은 귀로 해서 경쟁이 심한 개인 기업에서는 진즉 실업자가 되고 말았을 것이다.

생각할수록 회장이라 부르기엔 과분한 점이 많다. 평사원도 연봉이 억대가 넘는 직장이 많은데 연봉도 없다. 주식회사의 대주주이거나 최고 경영자도 아니다. 경영에 직접 참여하고 세계경제의 흐름에도 해박해야 한다. 경제적인 면에서는 회장은커녕 말단 직원으로 불리어야 마땅하겠다. 그 탓에 회장이라 부르기는 썩 어울리지 않지만 자주 듣다 보면 어느 정도 귀에 익어 마냥 싫지만도 않은가 보았다.

처음에는 "무슨 회장님, 그냥 편하게 불러." 하더니 '회장님' 소리에 곧장 뒤를 돌아보곤 한다.

그는 작은 미꾸라지였다. 그저 작은 도랑에서 이리저리 나름대로 잘도 돌아다녔다. 한 가지, 어느 것에도 폐를 끼치지 않았다. 누구의 손에 쉽게 잡히지도 않았다. 사십 여년을 그곳에 뒹굴다 큰물로 나와 그는 용틀임을 하였다.

그가 변했다. 일과가 한료하다 보니 각종 모임에 자주 나가게 되고 자기 계발을 위한 인문학 강좌에 꾸준히 참여 하게 된 것이다. 스스로의 일거리를 찾아 일을 만들어 나가는 것이다. 《논어》를 배우고 영화감상에 심취하였고 야생화의 소박하면서도 화려한 자취를 좇아 다녔다. 글을 써서 자신의 수필집도 펴냈다

그는 가끔 거울을 보며 눈을 크게 떠서 힘도 주어보고 양 볼을 잡아당겨 이리저리 살펴본다. 입을 벌려 스물여덟 개의 이빨을 세어본다. 여의주를 물고 불을 뿜어야만 용인가.

버려야 할 관념 하나

얼마 전 모임에서였다. 저녁 먹고 이런저런 잡담을 하다가 "어이, 우리 여행이라도 갔다 오세." 하는 한 사람의 제안에 장소며, 시기로 설왕설래 끝에 서천으로 가기로 하였다. '여행이라도'라고 말하지만 여행은 낯섦에 대한 동경이요 도전이다. 익숙한 것에서 떠나 새로운 것에 대한 호기심을 채우고 배우기도 한다. 여행이 꼭 삶의 쉼이라는 것도 하나의 관념이다.

서천으로 떠난 우리는 수목원을 구경하고 점심을 먹으러 수산시장에 갔다. 남자들은 횟감에 술 한잔이 정석인지라 광어를 골랐다. 뒤에서 구경만 하던 나는 거래가 끝난 광어를 들어 올리는 주인장에게 물었다.

"광어는 눈이 왼쪽에 있고 도다리는 눈이 오른쪽에 있다고 들었는데 이제 보니 왼쪽, 오른쪽이 모두 맞는 거 같소."

"머리를 내 눈 앞으로 놓고 보았을 때 왼쪽 오른쪽을 따지는 거죠."

그렇다. 무엇이든 기준이 필요한 것이다. '좌광 우도'니 '왼 두 글자 오른쪽 세 글자'라며 열심히 보충 설명을 해주는 생물선생이었던 친구의 말을 들으며 대단하다는 듯이 고개를 끄덕여 주었다. 하지만 그도 기준을 어디에 두고 오른쪽, 왼쪽을 보는 것인지는 미처 생각하지 못한 듯하였다. 그저 그렇다는 고정관념으로 볼 뿐이다. 이어서 올라온 수북이 쌓인 회를 몇 점 먹다가 젓가락을 놓았다. 맛을 알 수 없어서다. 일본에서는 회를 숙성해서 먹는다는데.

그 얼마 후 일본의 북해도를 가게 되었다. 7월 초의 북해도 날씨는 전형적인 우리 가을 날씨였다. 낮 최고 20도에 파란 하늘에는 흰 구름이 흘러갔다. 우리나라에서는 장마에 끈적끈적하던 날씨였는데 세 시간 만에 가을이 된 것이다. 인천서부터 동행한 가이드가 마이크를 잡았다. 나는 맨 앞자리에 앉아 앞 창문을 통해 펼쳐지는 전경을 감상할 수 있는 행운을 안았다.

첫날 일정과 간단한 일본의 역사 소개를 하는 동안 안내하는 여자에게 거부감이 느껴졌다. 비호감이었다. 한눈에 보이는 무언지 모르는 거만함 때문이다. 단발머리, 검은색 슈트에 전혀 빈틈이 없어 보이는 몸매 하며 쉼 없이 쏟아내는 설명에 머리가 피곤하였다. 생각할 시간도 주어야 할 텐데 말이 끝나면 "응." 하고 자기 말에 추임새를 넣고, 때로는 "쩝." 입맛까지 다셨다. 그날 나는 끝까지 눈을 마주치지 않았다.

그래도 가이드의 지시를 따라야 하고 하루 이틀 그의 유창한 언변을 듣다보니 다시 생각지 않을 수 없었다. 멋있게 나이가 드셨다는 말을 들어서가 아니다. 미술을 전공했고 한중일 삼국의 역사와 경제 교역을 통한 상생 발전 등 인문학에 대단한 지식을 가지고 있었다. 소음이라고까지 생각했던 그의 설명은 흥미로운 인문학 강의가 되어 나는 어느새 펜을 들고 메모를 하고 있었다.

일본에서의 사흘째 저녁, 호텔의 별관 식당으로 가면서 나의 선입견을 알 리 없는 가이드는 미소까지 지었다. 음식점 간판을 보며 발을 멈췄다. '天屋', 음식점 이름치고 특이했다. 붉은색의 따뜻한 조명 아래 식당은 넓고 깨끗했다. 정식이 나왔다. 초밥과 튀김 그리고 작은 화덕에 우동이 따뜻하게 데워졌다. 물수건에 손을 닦고 두리번거리다 간장을 찾아 종지에 따랐다. 늘 하던 대로 겨자를 찾았지만 없었다. 젓가락을 들었다.

스시의 고향 일본, 그중에서 가장 먼저 밥 위에 회를 얹는 '나마즈스시'를 만들어 먹었다는 홋카이도 스시 맛을 보았다. 탱글탱글한 밥알과 함께 씹히는 참다랑어의 맛은 일품이었다. 생선 중 유일하게 부위마다 맛이 달라 최고로 친다는 참다랑어 초밥은 단 한 점이었다. 남은 네 점 중 하나는 계란이 네타材料로 올라 있었다. '생선

초밥에 웬 계란이람.' 아쉬운 생각과 함께 튀김과 우동을 먹고 식사를 끝냈다.

가게 안을 둘러보았다. 크고 작은 도자기와 인형들이 선반에 예쁘게 진열되어 있었다. 주방 입구의 벽면 액자에 눈이 쏠렸다. "民以食爲天" '아, 그래서 이름이 텐야天屋였구나.' 이해가 갔다. "백성은 음식을 하늘로 여긴다."는 맹자의 말을 기리는 주인의 직업관이 놀라웠다. 노렌을 걷어 올리지 않고 머리 숙여 밖으로 나왔다. 가이드가 따라 나오며 그 뜻을 아냐며 물었다. 노렌은 가게 이름을 쓴 천으로 대대로 이어지는 가게의 얼굴이며 혼魂이기 때문에 존중해야 한다는 것은 알고 있었다.

로비에서 잠시 가이드와 화식和食의 궁금증에 대해 대화를 나누었다. "왜, 젓가락은 가로로 놓여 있었죠?" "왜, 작은 물수건이 또 있었죠?" "계란 초밥은 뭡니까?" 궁금한 것이 많았다.

일본은 일찍이 서구문명을 받아들여 평등한 수평사회가 되었고 실용을 중시해서 잡기 편하게 가로로 놓여 있다 했다. 또 초밥은 손으로 먹어야 맛을 알 수 있는데 초밥이 손에 붙지 않게 작은 손물수건으로 닦은 후 먹는다고 한다. 엄지로 네타(재료)를 누르고 검지와 중지로 눕혀 사리(밥알)가 부서지지 않게 잡고 네타에 간장을 찍어 한 입에 먹어야 한다. 주의할 점은 밥알에 간장이 묻지 않아야 하고 특히 간장종지에 떨어지면 안 된다고 하였다. 겨자도 간장에 풀지 않아야 한다. '음, 이건 내가 먹던 방식과는 영 다른데…….' 부끄러운 생각마저 들었다.

계란초밥은 마지막으로 먹는데 가게마다 독특한 계란 맛을 내므로 디저트 개념으로 먹는 것이라 했다. 국내에서도 일식집을 가끔 갔었고 일본여행은 자유여행을 포함해서 꼭 열 번째였는데 처음으로 초밥에 대해 자세히 알게 되었다. 멋모르고 먹기 바빴다고 했더니 처음부터 다 아는 사람이 어디 있냐며 나의 민망함을 다독여 주고 그녀는 갔다.

선입견과 고정관념, 이것은 나의 큰 병폐다. 이번에도 나의 섣부른 판단으로 자칫 다정하고 박식했던 그녀의 만남을 스쳐 지나 버릴 뻔하였다. 그녀가 물었다. 사람에게서 버려야 할 것은 무엇이냐고. 나의 머리에는 욕심, 돈, 명예, 이런 것이 떠올랐다. 그녀는 고정관념이 아닐까 한다고 하였다. 사람이 사회생활을 하자면 욕심도 조금은 있어야 하고 최소한의 경제적 여유도 있어야 하니 딱히 버려야 할 것은 아니라고 했다. 자신감 있는 태도와 거침없는 의견 제시가 이제는 오히려 매력적으로 느껴졌다. 인천 공항 출국장을 빠져나오며 다시 마주친 그녀는 작별 인사를 위해 기다렸다며 또 다시 미소를 보냈다. 순수한 마음의 표현이라고 나는 믿었다.

둥지

포근한 겨울 날씨가 보름 넘게 계속되었다. 신문에 남쪽 어디에는 개나리가 철모르고 피었다고도 했다. 오늘은 하늘이 낮게 내려앉고 회색 구름이 잔뜩 밀려왔다. 찬바람도 불어 '아, 눈이 올 날씨네.' 하고 느꼈다. 하늘을 자세히 보니 정말 흰 눈이 하나, 둘 떨어지고 있다. 넓은 주차장에 차가 드문드문 주차되어 있고 보도가 약간 젖어 있다. 비어있는 주차장을 보면 가슴이 트이고 여유가 생긴다. 운전이 서툴고 남과 경쟁에서 항시 뒤처진 내가 주차전쟁을 이길 자신이 없고 그리하여 쌓일 스트레스를 생각하면 다행이다 싶다.

나는 이 아파트에 이십 년째 살고 있다. 처음에 마련했던 주공아파트는 연탄을 때던 서민 주택이었지만 아랫목은 지글지글 끓고 남향에, 겨울이면 안방 끝까지 햇볕이 들어 아늑했다. 그런데 여기저기 아파트 붐이 일고 직장이 있던 효자동으로 집을 옮기고 싶은 마음이 들었다. 건설 회사에서 분양하는 아파트 신청을 하였다. 요령이 있는 친구는 연줄을 찾아 목 좋은 아파트의 동 호수까지 지정해서 잘도 분양을 받았건만 학교에서 애들하고 씨름만 한 나는 그저 요행만을 바라보다 두 번이나 낙방을 하였다. 내 돈 내고 집을 사겠다는데도 마음대로 안 되는, 건설사들이 떼돈을 벌던 시대였다. 세 번째 겨우 당첨된 곳이 이 아파트다.

240세대가 3동으로 디귿자 형으로 배치되어 있다. 앞에 5층짜리 아파트 한 동이 가로막고 있지만 거리가 충분히 떨어져 있어 일조권에 영향을 받지 않는다. 완산칠봉 능선이 손에 잡힐 듯이 보이고 고개를 조금 돌리면 멀리 모악산과 그 산마루를 따라 길게 뻗어 내린 산자락이 일 년 내 다양한 색깔과 모습을 보여준다. 감사한 마음으로 한동안 살았다.

세월이 흐르면서 이곳저곳에 새로운 모델의 아파트가 들어섰다. 새 아파트는 베란다 확장형으로 같은 평수라도 방들이 넓고 단열이 잘되어 무엇보다도 편의성이 좋다고 아내가 몇 차례 얘기를 하였다. 그 의도는 새집으로 이사 가면 좋겠다는 완곡한 표현인 줄을 나도 안다. 하지만 특별한 일이 없는 한 늘 같은 것을 좋아하는 우렁 속 같은 나의 성격 탓에 이사를 생각하지 않았다. 누구는 얼마에 사서 그게 벌써 얼마로 값이 올랐다느니 분양권만 전매해서 피fee를 얼마를 받았다느니 하며, 아내는 여기저기에서 들은 말로 내 마음을 떠보았다. 딱히 어려움이 없는 생활환경에다 경제적 융통성이 전혀 없는 나는 겨우 한다는 것이 단지 내에서 가장 큰 54평으로 이사를 하고 새 단장을 하면 새집과 같다는 감언이설로 아내의 입을 막았다.

하지만 리모델링이 현대적인 새 아파트와 같을 수는 없는 법이다. 창틀을 바꾸지 않았다가 재공사를 하였고 조명시설이 오래되어 LED로 교체를 하는 등 손 볼 곳이 끊임없이 생기는 것이었다. 오래된 아파트에 사는 불편함은 이것만이 아니다. 사람들은 그 사람이 무슨 차를 타고 다니며 어느 아파트에 사는지에 관심이 많다. 그 사람의 행복지수를 그것으로 아예 판단해 버리는 일도 있다. 대기업이 지은 아파트의 이름을 들으면 “아, 좋은 아파트에 사시는군요.” 하며 못내 존경의 표정을 짓는 사람도 많다. 그래서 솔직히 우리 아파트의 이름을 말하려면 이런저런 감정을 숨길 수 없다.

수년 전 손녀딸을 키워줄 때이다. 한낮에 아기가 한숨 자려 하면 주차장에서 요란한 스피커 소리가 났다.

“수박, 참외, 딸기가 왔어요. 달고 맛좋은 고창 수박이 왔어요. 한 통에 단돈 오천 원.”

어찌나 소리가 큰지 나도 화들짝 놀랐지만 막 잠든 아기가 깰까봐 얼른 쫓아가 다독거리며 어서 가기만 바랐다. 하지만 기계는 반복해서 빨리 사라고 외쳐댔다. 웬만한 아파트에는 다 있는 자동 통제 장치가 없는 우리 아파트가 수박장사에게는 빼놓을 수 없는 목인지 여름 한철 내, 오후 그 시간에는 어김없이 찾아왔다. 그 사람도 먹고 살기 위한 일인지라 딱히 불평이나 항의를 할 일도 아니었다. 가을이 오자 발길이 뚝 끊어져 가끔은 '참, 그 아저씨 요새는 무얼 팔고 다니실까.' 뜬금없이 궁금해지기도 하였다.

우리 아파트 담 사이로 초등학교가 있다. 담을 끼고 체육관이 있는데 월요일 아침마다 스피커 소리가 들렸다. 월요일 '애국조회'의 묵념과 애국가 반주도 들린다. 가을철이면 운동장에 모여 운동회 연습을 하느라 떠들썩하였건만 수년째 소리가 끊겼다. 학생 수가 줄고 실내 체육관에서 약식으로 하는 탓일 것이다. 아이들의 아침 운동장 조회와 왁자지껄 떠드는 소리에 쉬는 시간을 가늠해 보던 지난 · 날을 그려보기도 한다.

단지 내에 상가가 이층으로 있다. 말이 상가지 구멍가게 하나와 미장원과 세탁소가 전부다. 가게에는 담배와 라면 외에는 먼지가 가득하다. 정문을 나서면 큰 길에 마트가 두 곳이나 있으니 장사가 될 리가 없다. 미용실은 십여 년 넘게 나의 전속 미용실이다. 머리를 하러 가서 눈 감고 편히 앉아 있으면 알아서 다 해준다. 벽에 걸린 원장의 젊었을 때 '헤어쇼' 입상 상장을 나는 그대로 믿고 있다. 나에게 꼭 필요한 것은 세탁소인데 근처에 세탁소가 하도 많아서 사업을 접지 않을까 걱정이 될 정도다. 그래도 언제나 부부가 수선과 다림질을 각자 맡아서 쉬지 않고 일하는 모습을 보면 안심도 되고 열심히 일하는 모습이 보기 좋다.

간혹 집에 늦게 올 때는 지하주차장은 자리가 없을 것 같아 3동 뒤의 주차장으로 간다. 여기저기 비어있는 자리가 많다. 넉넉한 자리에 마음의 여유도 생긴다. 차들이 화단 쪽으로 전면 주차를 하고 있다. 딱히 푯말이 없어도 알아서 규범을 지키는 모습이 아름답다. 행여 일층에 소음이 들릴까 가만히 문을 닫고 나선다.

노후 아파트지만 철근 콘크리트의 강도는 사십 년을 버틸 수 있음을 잘 알고 있다. 건축과 출신인 내가 배짱 좋게 버틸 수 있는 핑계가 되는 것이다. 이십 년을 살면서 쌓은 정을 편리함과 쉽게 바꿀 수가 없다. 묵은지의 친숙함이나 늘 신고 다니는 오래된 구두처럼 나의 아파트는 편안하고 안락한 둥지다.

더위를 피하는 방법

이 얼굴은 뭐지?

악역 배우의 냉정하고 잔인한 얼굴이 아니다. 그렇다고 다정한 눈빛에 뚜렷한 이목구비를 가진 미남도 아니다. 다만 꽉 다문 입술과 미간에 깊게 파인 주름, 작달막한 키에 떡 벌어진 가슴이 그가 단단하고 빈틈없는 사람임을 느끼게 할 뿐이다. 그는 CIA에서 가장 완벽하고 치명적인 인간병기로 훈련된 최고의 요원 제이슨 본(맷 데이먼)이다. 얼굴을 보고 그 사람의 선호를 가리는 나의 고정관념은 내내 의문에 빠졌다. 선한 얼굴인가, 악한 얼굴인가 하고.

비뚤어진 애국심으로 조직과 나라를 배신한 CIA국장(토미 리 존스)의 얼굴은 노회하고 음흉하며 서슴없이 "죽여." "없애버려."를 내뱉는 악인의 역에 꼭 맞았다. 얼굴의 수많은 주름처럼 살인을 하고 지시를 내렸을 것이다. 자기의 음모가 모두 드러난 후 제이슨 본과 마주친 절체절명絕體絕命의 순간에도 그는 침착성을 잃지 않았다. 본의 애국심과 혼란에 빠진 정체성을 부추기며 상황을 역전시켜 총을 쏘아 쓰러트리는 모습은 CIA국장의 관록이 그대로 드러난 장면이었다. 그래서 나는 더욱 혼란스러웠다. 최고의 첩보원이 감성에 흔들려서 진실을 밝히고 아버지의 원수를 갚을 기회를 놓친다? '영화니까.'라고 하기에는 맷 데이먼은 일급 첩보원의 냉혹한 얼굴은 아니었다.

올 여름은 더위가 그야말로 맹위를 떨쳤다. 35도를 넘나드는 기온은 밤에도 내려갈 줄 몰랐다. 이런 폭염은 맞서지 말고 피해야 한다. '이열치열?' 자칫 큰코다치고 병원 신세지기 십상이다. 벌써 9일째 열대야가 계속되는 7월 말에 극장을 찾았다.

예전에 나는 서부영화 팬이었다. 권선징악의 내용도 좋고 광야에 말을 타고 달릴 때 흐르는 음악도 좋았다. 〈장고〉나 〈황야의 무법자〉 등 마카로니 웨스턴도 향수에 젖게 한다. 뻔한 이야기인 줄 알지만 기승전결의 흐름에 따라 주인공이 위험에 빠졌다가 결국은 악당을 물리치고 해피엔딩으로 끝나는 뒤끝이 좋기 때문이다. 하지만 이제는 더 이상 신작이 없다. 배우도 모두 떠났다. 존 웨인, 커크 다글라스, 버트랑 카스타, 심지어 악역의 찰슨 브론슨도 새삼 그리운 얼굴이다.

이제 서부영화 대신 액션 스릴러물이 그 자리를 차지했다. 톰크루즈 주연의 〈미션 임파서블〉 시리즈는 나의 단골 메뉴다. 조금 이해가 어렵지만 그의 〈마이너리티 리포트〉도 앞으로 2050년대의 범죄영화라서 흥미로웠다. '본' 시리즈도 나를 빠져들게 만들었다. 모스크바에서 노란 택시를 타고 도주하며 벌이는 총격전이 인상 깊은 〈본 슈프리머시〉가 기억에 남는다. 추격자를 해치우고 긴 지하차도의 끝을 걸어 나올 때 햇빛 가득한 거리에는 어느새 하얀 눈이 소복이 쌓인 평화로운 거리가 인상 깊었다.

7월, 전 세계에 동시 개봉된 〈제이슨 본〉은 첩보영화가 그렇듯이 무슨 깊은 메시지와 교훈을 주는 것은 아니다. 잘못된 애국심으로 모든 정보를 손에 쥐려 한 CIA 내의 세력을 제거하는 이야기로서 첨단 전자장비와 화려한 추격전, 액션이 손에 땀을 쥐게 하고 화면에서 시선을 뗄 수 없게 만들 뿐이다. 하지만 그러면 또 어떤가. 꼭 우리가 가슴 속에 무언가를 남겨두고 머릿속에 모든 것을 다 기억할 필요는 없다. 바쁘고 복잡한 세상에서, 힘들고 어려운 삶의 문제에서 벗어나 다 잊고 두 시간을 보낸다면 그 또한 행복이 아니겠는가. 커피 한 잔 값보다 싼 값으로 말이다. 생각해 보면 세상은 아름답고, 감사할 일도 많다.

누군가에는 인사를 해야겠는데 극장 주인은 아니고, 정치인도 더욱 아니고……. 극본을 쓰고 감독을 맡은 '폴 그린그래스'에게 해야 할까. 제이슨 본을 맡은 '맷 데이먼'에게 해야 할까. 다음 국장직을 제안 받았는데도 대답도 없이 낙엽 물든 공원을 가로질러 걸어가는 사나이의 무심함이 매력 만점이다. 아니면 결정적인 도움을 주고 목숨까지 구해 주면서 분명 본에 대한 사랑의 감정이 싹튼 '해더 리(알리시아 비칸데르)'의 청초한 모습에 감사해야 할까. 아무래도 다음 편에서는 둘의 사랑 이야기가 양념으로 들어 있지 않을까 짐작해 본다. 그러나 로맨스 영화가 아니니 그저 맛보기의 역할일 것 같아 그도 아니다.

더위를 피하는 방법으로 좋아하는 스릴러를 보아야겠다고 생각한 나인가?

어른으로 살아가기

1. 인생의 가장 빛나는 시절

세상살이에는 굴곡이 있다. 힘들고 어려웠던 시절이 대부분이어서 인생이 고해라고 하지만 생각해 보면 즐겁고 행복했던 한때가 없는 것도 아니다. 대부분의 사람들은 희망과 꿈이 있고 힘이 넘치던 청년의 풋풋했던 때를 손꼽을 것이다. 혹자는 가정을 이루고 경제적으로 안정을 누릴 수 있는 중년의 시기를 말하는 사람도 있을 것이다. 행여, 철없이 부모의 사랑을 받으며 어미의 젖을 물고 있던 유년이 모든 시름없이 가장 행복하였노라 하는 이도 있지 않을까. 그러나 이 모든 시기를 다 살아 보아야 언제가 제일 행복하였는가를 말할 수 있을 것이다.

1960년대에 우리나라의 인문학을 이끌어나가던 세 분의 철학자가 있었다. 이제 모두 노환으로 작고하시고 김형석 교수만 97세의 망백의 나이에도 집필과 강연 등의 활동을 꾸준히 이어나가고 있다.

김형석 교수의 말에 따르면 자기가 살아온 인생 중 가장 행복했던 시기는 60세에서 75세까지의 노년의 시기였다고 한다. "60은 돼야 성숙하고 창의적인 생각이 쏟아져 나옵니다. 내 동년배인 안병욱 교수, 김태길 교수, 김수환 추기경 모두 60에서 75세까지가 가장 창의적이고 찬란한 시기를 보냈어요. 좋은 책은 다 그 시기에 썼지요."

그의 글을 읽고 60세면 육체적으로 쇠락하여 희망과 열정이 사라져 버릴 나이가 아닐까 하였지만 경제적 풍요와 의술의 발달로 예전의 장년의 나이가 된 탓이 아닌가 생각했다. 그 나이 때가 되면 대부분 자식들 모두 출가해서 부부만 남은 시기다. 돈을 벌려 했던 시기가 지나고 그동안 벌어온 돈을 써야 하는 시기이기 때문에 연금 등의 고정적인 수입을 위해 노력해 왔다면 자기의 취미생활과 재능개발을 위해 노력함으로써 행복한 시간을 보낼 수 있을 것이다. 그러기 위해서는 일찍부터 노후의 경제력에 대한 소신을 가지고 미리미리 준비해 두어야 할 필요가 있다. 김형석 교수도 60에 어떻게 살 것인가는 40대에 정해야 한다고 하였다.

2. 아름다운 어른

그는 인쇄공장의 부사장으로 정년퇴직을 하였다. 매일 아침 카페에 나와 커피를 마시고 동네 사람들과 인사를 나누며 하루를 시작한다. 60이 넘은 그는 지금도 와이셔츠에 넥타이를 매고 양복을 입고 나와 앉아있다. 이러한 일상에 무료함은 느낀 그는 신문광고에 난 인턴 모집에 응한다. 인터넷판매를 하는 의류회사다. 젊은이들과 함께 백발의 그도 '시니어 인턴'으로 선발되었다.

모두 그가 적응을 못 하고 곧 퇴사할 것이라 생각했다. 역시 그는 힘들다. 청바지에 티 셔츠 차림의 젊은 사원들 속에서 컴퓨터도 할 줄 모르고 특별한 업무도 없이 보내는 시간이 힘들기만 하다. 하지만 그에게도 일이 있으니 실연한 여사원을 위로해주고 왕따가 된 동기 인턴을 감싸주는 일 등이다.

그는 연륜과 경험으로 어려움을 헤치고 여사장의 운전기사가 된다. 커리어우먼인 여사장의 남편이 가사를 전담하면서 느끼는 소외감과 열등감 그리고 다른 여자에게 까지 눈을 돌리는 것을 중재를 하여 가정을 지키게 만들어 준다. 젊음과 열정으로 해결할 수 없는 일을 그는 많은 경험과 삶의 지혜로서 해결해낸 것이다.

사무엘 울만은 〈청춘〉에서 이렇게 노래했다. "청춘이란 인생의 어떤 한 시기가 아니고 어떤 한 마음을 뜻하나니 강인한 육신을 뜻하지 않고 인생의 깊은 샘에서 솟아나는 참신한 것을 뜻한다"고.

이 세상은 꿈과 열정도 필요하지만 이해와 관용, 여유로움이 필요하다. 영화 〈인턴〉에서 로버트 드니로는 아름다운 어른의 모습으로 잘 표현하였다.

이런 어른은 영화에서만 있는 것일까.

그는 나의 십 년 선배이다. 그를 만난 것은 모 초등학교에서 그가 학년주임으로 있을 때 동학년을 맡아서 근무하면서이다. 어린 초년 교사인 우리들에게 술 좌석에서도 존댓말을 썼다. 송구한 우리들이 말씀 낮추라면 겨우 "하우, 하시게." 했다가 다시 존댓말로 돌아오곤 했다. 승진을 위해 많은 사람들이 욕심을 내는 표창 내신이나 이익이 있는 자리에도 나서지 않았다. 쉽고 간단한 업무나 수업시간이 적은 학년을 원하지도 않았고 모든 것을 학교 형편에 따랐다. 그런 그를 교감 선생님은 예쁘게 보시고 관사를 그에게 내주었고 그는 또 집이 크다며 방과 부엌이 딸린 이간 장방을 신혼인 나에게 내주었다. 팔순이 된 지금도 외출 시는 꼭 양복을 입는다. 머리가 많이 빠져서 듬성듬성해진 머리카락이지만 아직도 기름 바른 머리에 빗질이 선명하게 가르마를 타고 나타나곤 한다. 그의 단정한 모습을 보면 성품까지 다 밖으로 나온 듯하여 어른으로 존경하게 된다.

3. 나의 어른 되기

어른은 다 자란 사람을 말한다. 다 자라서 자기 일에 책임을 질 수 있는 사람을 말하지만 결혼을 해야 어른이 되었다고 말하는 사람도 있고, 때로는 나이와 지위가 높은 사람을 말하기도 한다.

어른 값이란 말이 있다. 나잇값이라고도 한다. 어른으로서 갖추어야 할 체통이나 행동을 가리키는 말이다. 몸이 다 자라서, 결혼을 해서, 지위가 높아서, 어른이라는 것보다 어른 값을 제대로 해야 어른이 되는 것은 자명한 일이다.

어른 값이란 말만 생각하면 나는 부끄럽다. 생긴 용모부터가 후덕하니 듬직하지 못하고 얼굴은 언제나 긴장되고 미간에 주름이 잡혀져 있다. 선뜻 사람들이 말을 걸거나 다정하게 다가서기에 꺼려지는 날카로움이 있다. 생긴 것은 마음에도 그대로 나타난다. 나의 잘못을 살펴보기 전에 다른 사람의 잘못만 먼저 보고 따지기 때문이다. 운전을 하면서도 늘 '왜 저렇게 운전 하냐.' '규칙도 모르고 운전면허를 땄나.' 하고 불평하며 심지어는 '이 신호등은 왜 이리 길어.' 하며 애꿎은 교통신호기에도 짜증을 부린다.

저잣거리에서 나물 한 무더기를 사면서도 돈을 깎으려 하고 덤이라도 한 줌 보태려고 채신없이 굴기도 한다. 나도 김형석 교수가 말한 인생의 황금기에 들어서서 어디 가나 한눈에 알아보고 경로 할인을 해주고 가끔은 자리를 양보해주는 싹싹한 젊은이도 있건만 체통을 지키고 성숙해지기는커녕 아직도 어른으로서의 값을 못하고 있다.

《채근담》에 이르기를 "남에게는 허물 속에서 허물없음을 찾고 나에게는 허물없는 것에서 허물을 찾으라."는 말씀을 알면서도 이러하니 나의 어른 되기는 좀 더 익어야 될 성싶다.

어른이 되고 인생의 황금기를 맞이하는 것은 다 나의 마음과 행실이 같이 성숙되어 이루어지는 것이니 늘 자신을 뒤돌아볼 일이다.

(국가보훈처 발행 《제대군인》 揭載)

Fifty-Fifty

동아리 회원이 주선하는 후지산 등반 권유가 있었다. 한동안 망설였다. 3776m, 후지산 높이다. 내 발로 올라간 것은 제주도 한라산 1947m가 최고다. 젊었을 때야 지리산 천왕봉 일출도 보고 종주도 했지만 무릎 때문에 등산을 안 한 지 오래되었다. 가고는 싶지만 불안했다.

후지산 등반 안내서를 보니 6합목까지 말을 타고 갈 수도 있다고 하고 산장에서 1박을 하고 가면 무리 없이 갈 수 있다고 하였다. 후지산은 일본의 상징이고 세계유산이 아닌가. 또 일본인이 계획하고 안내하기 때문에 음식이나 숙박, 관광, 쇼핑 등 특별한 경험을 할 수 있겠다는 호기심이 마음을 끌어당겼다.

필리핀에 갔을 때다. 골프 초보자는 걱정한 대로 공이 날아간다는 말이 있다. 불안한 마음에 공을 치면 야속하게도 공은 꼭 우려했던 곳으로 날아간다.

"수잔, 빠졌어?"

"피프티-피프티." 캐디 수잔은 웃으며 반반이니 확인해 보아야 한다며 걸어갔다. 그렇다. 미리 걱정하고 낙담할 일이 아니다. 가보면 알 것이 아닌가.

기대와 우려 속에 신청을 하였다. 정상을 가지 않고 트레킹을 할 수 있다고 하고 동행하겠다는 동료가 있어 한결 마음이 놓였다.

시즈오카공항은 한적하고 아담하였다. 한 시간 정도 공항버스를 타고 호텔에 도착했다. 작년에 '나고야 벚꽃 축제' 여행도 그랬지만 호텔은 항상 1인실을 이용한다. 낯을 가리고 쉽게 잠을 잘 자지 못하는 나에겐 가장 큰 혜택이다. 커피와 차가 로비 한쪽에 마련되어 있었다. 프런트를 둘러보았다. 호텔 이름이 '도끼 노 수미카(時之栖)'이다. 깃들 서栖이니 '때에 깃든다'는 뜻인가. 여행객의 피로를 풀어주는 호텔에서 편하게 깃들었다.

저녁에는 한일 교류회의 일본 산악회원들이 제공하는 만찬이 있었다. 여러 번 일본을 다녀 보았지만 맥주가 무한리필로 나오고 각종 안주를 끊임없이 주문해서 먹는 식사는 처음이었다. 일본인은 소식을 하고 양이 적다는 나의 고정 관념이 완전히 깨어졌다. 내 옆의 일본인은 후로이야(古屋) 상이고 맞은편은 모지츠키(望月) 상이었다.

후로이야 씨는 자기 이름이 옛집이란 뜻에서 '올드 하우스'라며 웃었고 모치즈키 씨는 '풀문'이라며 건배를 했다. 옛 집 마루에서 보름달을 보며 잔을 기울이는 운치가 그려졌다. 서로 별호를 부르며 잔을 부딪쳤다.

사흘째 되는 날 후지산으로 향했다. 후지산을 10으로 나누어 그 절반인 5합목까지 차로 올라간다. 구불구불 돌아서 올라가는 길에 벌써 구름이 차창 밖으로 흘러간다. 이제 우리가 묵을 산장까지 걸어서 가야 한다. 등산이 시작된 것이다. 그런데 어려운 일이 생겼다. 등산장비를 넣은 여행 가방을 실은 버스가 오지 않고 소형 승합차를 타고 올라오게 되었다. 자세한 일정을 설명하지 않아서 생긴 일이지만 누구를 탓할 수도 없는 일이다. 말(馬)을 이용한다는 것도 현장을 알지 못한 오보였다.

화산재 특유의 산길을 걸어갔다. 한 시간 남짓 걸어 숙소가 있는 산장에 도착했다. 운해장雲海莊, 발밑 저 멀리 구름 바다가 펼쳐져 있다. 그 옆으로 우리가 묵을 보영장宝永莊은 후지산의 두 번째 분화구가 이루어 놓은 보영산의 이름을 딴 산장이다.

잠시 쉬었다가 보영산으로 출발하였다. 정상에 가지 않는 우리 세 명을 위해 선택한 코스다. 멀리 보영산이 푸른 이끼가 깔린 듯 아랫부분이 새파랗고, 이어서 짙고 옅은 붉은 화산흙이 층을 이루어 정상까지 세로로 뿌려 놓은 듯 이어져 있다. 눈앞에 우리가 가야 할 길이 구불구불 한없이 정상을 향하여 이어져 있었다. 맨 앞에 모치즈키 상이 이끌고 동료회원 두 명이 가고 제일 약한 내가 가고, 말없이 후로이야 상이 뒤를 따랐다.

처음 출발은 산뜻하였다. 우뚝 솟은 후지산 정상이 구름 속에 얼굴을 내밀었다가 이내 숨어버리고 거뭇한 화산흙만 시야를 압도하며 여기가 '일본 제일의 산'이라는 것을 자랑하고 있다. 평평한 길을 지나자 급격히 30도가 넘는 비탈길이 나타났다. 푸른 하늘 아래 보영산의 정상은 이제 손에 잡힐 듯 가까이 보인다. 여인의 아름다운 가슴을 닮은 듯 봉긋한 스카이라인이 고혹적이다. 발밑을 내려다본다. 거의 모래가 되다시피 부서져 깔린 작은 화산석 가루 위에 다시 자잘한 돌이 덮여있다. 비탈진 길은 30cm를 위로 걸어가면 10cm를 미끄러져 내려온다. 자칫 발에 힘을 빼면 원위치보다 오히려 더 뒤로 내려올 듯 미끄럽다.

오르고 미끄러지고를 반복하는 사이에 앞 사람과의 거리는 멀어졌다. 뒤에는 여전히 후로이야 상이 나를 따라온다.

"후로이야 상, 먼저 가세요. 나는 천천히 가겠어요. 멀어도 다 보이니까 걱정 말고 가세요."

"와다시와 유구리, 유구리." 하며 손짓으로 다 못한 말을 표현하였다. 그는 훤칠한 키에 하얀 이와 백발이 인상적인 사람이다. 목에 두른 수건으로 땀을 닦으며 나의 표정을 보더니 이윽고 그도 나를 앞질렸다. 70세의 나이보다 튼튼하고 긴 다리로 또박또박 잘도 오른다.

5분을 걷고 5분을 주저앉아 쉬었다. 이제 저 앞 모퉁이를 돌아 능선에 오르면 정상으로 가는 평지가 이어질 것이다. 올라온 길을 내려다본다. 거의 40도는 됨직한 가파른 길이 길게 이어져 있다.

'음, 이 정도면 많이 올라왔잖아. 벌써 4시간 산행을 했고, 내일도 5시간 걸어서 하산해야 하고…….' 머릿속이 복잡했다.

'매사에 무리할 일은 아니지.'

나는 주저앉아 카메라의 앵글을 바닥까지 낮추고 색다른 이쪽저쪽의 풍경을 담았다.

저녁을 먹고 주인의 "츠키오 미요, 츠키오 미요. (달을 보세요, 달을 보세요)" 외치는 소리에 밖으로 나왔다. 유월 초닷새의 초승달이 노을이 채 지지 않은 붉은 하늘에 노란빛을 내며 걸려 있었다. 미마쓰(美松) 상의 활달하고 친절한 웃음이 밤하늘로 퍼져갔다. 몇 번인지 가늠도 할 수 없이 술이 나왔고 후지산의 맑은 공기와 산 아래 넓게 펼친 구름을 보며 산장의 첫날 밤이 꿈처럼 흘렀다.

산장은 사람이 없어 한가로웠다. 쉽게 잠들지 못한 나의 머릿속에 '시지서 호텔'의 편액이 떠올랐다.

"一生勉强, 一生靑春. 일생 동안 공부하고 일생 동안 청춘이어라."

일본의 붓글씨는 서체에 얽매이지 않은 창조적인 글씨체가 매력이다. 자그마한 편액에 짧고 굵게 써진 자유로운 글씨가 머리에 맴돈다. 늘 배우고 항상 푸른 청춘의 마음으로 살아야겠지.

하얗고 두툼한 요가 구름인 양 푹신하다. 다리를 조금 높이 올리고 무릎을 만져보다 깜짝 놀랐다. 통증이 없어서 몰랐는데 왼쪽 무릎이 열이 있다. 반대쪽을 만져보니 괜찮다. 조심을 했어도 약한 왼쪽 무릎이 아무래도 무리를 한 것 같다. 파스를 찾아 붙이고 마사지를 하고 누워 자고 나니 다행히 아무 탈이 없었다.

이튿날, 동쪽 등산로인 고덴바로 가는 하행 길은 기분 좋은 트레킹이었다. 화산지대의 너덜길을 내려오자 낙엽송이 우거진 숲길이 나타났다. 점차 이끼도 보이고 숲속에는 풀씨를 뿌려 조림을 한듯한 뼘 이상 자란 긴 풀이 빼곡히 자라 있었다. 찔레나무 향기가 잠시 발길을 붙잡는다. 잡목 사이로 내외하는 새아씨처럼 수줍게 초롱꽃이 고개를 숙이고 있다. 보라색의 꽃 초롱이 길을 안내해 주듯 간간이 눈에 뜨인다. 낙엽송 우거진 숲길을 내려오니 다시 너덜길이다. 두 개의 작은 쌍둥이 산을 지나 고덴바 주차장에 도착했다. 꼬박 6시간이 걸렸다. 끝까지 내 뒤를 보살피며 온 후로이야 상과 손을 잡고 만세를 불렀다. 그도 고덴바로 하산한 것은 처음이라며 감격스러워 했다.

어떤 일의 결정을 짓는 평결로서 '운칠기삼'이라는 말이 있다. 살다 보면 내 뜻이 아닌 누군가의 손길에 의해 방향이 정해지고 결말이

나고 하는 일이 많이 있다. 모든 일은 잘될 수도 있고 안 될 수도 있다. 그래서 '운칠'보다 '반반'의 평결을 나는 믿는다. 인생길도 행복에 대한 기대와 불행에 대한 우려는 'fifty-fifty'다.

기대 반, 우려 반이었던 여행을 잘 마쳤다. 일 년에 두 달간만 속살을 보여주는 후지산은 모든 일에 희망을 갖고 한걸음 한걸음 걸어가라고 우뚝 서있다.

フィフティー・フィフティー (Fifty-Fifty)

イム・ソクジェ

サークルの会員が取り持つ富士登山の勧誘があった。しばらくためらった。3776m、富士山の高さだ。私の足で登ったのは済州道漢拏山1947mが最高だ。若い時は智異山天王峰の日の出を見て縦走もしたが、膝のせいで登山をしなくなって久しい。行きたいが不安だった。

富士山の登山案内書を見ると六合目まで馬に乗っていくこともできるとあり、山小屋で一泊して行けば無理なく登ることができるとあった。富士山は日本の象徴であり、世界遺産ではないか。また、日本人会員が計画し案内するため、食べ物や宿泊、観光、ショッピングなど特別な経験ができるという好奇心が心を引きつけた。

フィリピンに行った時だ。ゴルフの初心者は心配したところにボールが飛んでいくという話がある。不安な気持ちでボールを打てば、悔しくもボールは必ず懸念したところに飛んでいく。

「スーザン、ハマったの?」

「フィフティー・フィフティー」

キャディーのスーザンは笑いながら半々だから確認しなければならないと歩いていった。そうだ。あらかじめ心配して、がっかりすることはない。行ってみればわかるではないか。

期待と憂慮の中で申し込みをした。頂上に行かずトレッキングができるというので同行する仲間がいて安心した。

静岡空港は静かでこぢんまりしていた。一時間ほど空港バスに乗ってホテルに到着した。昨年「名古屋桜祭り」旅行もそうだったが、ホテルはいつも一人一室利用する。人見知りしてよく眠れない私には最大の恵みだ。コーヒーとお茶がロビーの片隅に用意されていた。フロントを見て回った。ホテル名は「時の栖」である。巣をつくるという意味の「栖」だから「時が宿る」という意味だろうか。旅行客の疲れを癒してくれるホテルで気楽に宿泊した。

夕方には韓日交流会で日本の山岳会員たちと一緒に晩餐があった。何回か日本に行ってみたが、ビールが飲み放題で、各種肴を注文し放題という食事は初めてだった。日本人は小食だから量が少ないという私の固定観念が完全に破られた。私の隣の日本人は古屋さんで、向かい側は望月さんだった。古屋さんは自分の名前が古い家という意味だから「オール・ドハウス」だと言って笑い、望月さんは「フル・ムーン」と言って乾杯した。昔の家の床から満月を見ながら杯を傾ける趣が思い描かれた。互いに「別称」を呼びながら杯を交わした。

三日目に富士山に向かった。富士山を十に分けて、その半分の五合目まで車で上がる。うねうねと回って上がっていく途中、もう雲が車窓の外に流れる。私たちが泊まる山小屋まで歩いて行かなければならない。登山が始まったのだ。ところが、難しいことが起きた。登山装備を入れたかばんが一緒に上がってくると思ってかばんの中から登山用品を取り出さなかったのだ。詳しい日程を説明しないことから始まったことだが、誰を責めるわけにもいかない。馬を利用するということも、現場を知らない誤報だった。

火山灰特有の山道を歩いた。一時間少々歩いて宿がある山荘に到着した。「雲海荘」、足元遠く雲の海が広がっている。その隣に私たちが泊まる「宝永荘」は富士山の二番目の噴火口がある宝永山から名前を取った山小屋だ。

少し休んでから宝永山に出発した。頂上に行かない私たち三人のために選んだコースだ。遠く宝永山が青い苔を敷いたように、下の部分は真っ青で、続いて赤い火山土が頂上まで、縦に撒いたように続いている。目の前の私たちの進むべき道は限りなく頂上に向かって続いていた。一番前で望月さんが率いて同僚の会員二人が続き、一番弱い私、無言のまま古屋さんが後についた。

最初の出発はさわやかだった。そびえ立つ富士山の頂上が雲の中に顔を出したが、すぐに隠れて真っ黒な火山土だけが視野を圧倒し、ここが「日本一の山」であることを誇っている。平らな道を過ぎると急に30度以上もある坂道が現れた。青空の下で宝永山の頂上は今や手につかまるように近く見える。女性の美しい胸に似てなだらかなスカイラインが魅惑的だ。足元を見下ろす。ほとんど砂のように砕けて敷かれている小さな火山石の粉の上に、また小さな石が覆っている。傾斜した道は30cmを上に歩いていくと、10cm滑って降りてしまう。うっかり足から力を抜けば　元の位置よりむしろ後へ下がるように滑りやすい。上がって、滑ってを繰り返すうちに、前の人との距離は遠のいた。後ろには依然として古屋さんが私についてくる。

「古屋さん、先に行って下さい。私はゆっくり行きますよ。遠くからでもよく見えるから心配しないで下さい」

「私はゆっくりゆっくり」と手まねで通じない言葉を表現した。彼は背が高く白い歯と白髪が印象的な人だ。首にかけたタオルで汗をふきながら私の表情を見て、やがて彼も私を追い抜いた。七〇歳という年より元気で、長い足できびきびとよく登る。五分歩いて五分座り込んで休んだ。もうあの前の角を曲がって稜線に登れば頂上に行く平地が続くのだ。登り路を見下ろしている。ほとんど40度近い急な道が長く続いている。

「さて、これくらいならたいへん登ったではないか。もう四時間も登って、明日も五時間かけて下山しなければならず…」複雑な気持ちだった。

「何事も無理はしない」

私は座り込んでカメラのアングルを底まで下げ、あちこちの 珍しい風景を撮影した。

夕食を食べて主人の「月を見て下さい」と呼ぶ声で外に出た。六月五日の新月が夕焼けが沈まない赤い空に黄色い光を発してかかっていた。美松さんの闊達で親切な笑い声が夜空へと広がった。何杯目なのか見当もつかないほど酒が出たし、富士山の澄んだ空気と山の下に広く開けた雲を見ながら、山小屋の初夜が夢のように流れた。

山小屋は人がいなくてのんびりしていた。すぐ寝つけなかった私の頭の中に「時の栖ホテル」の扁額が浮かんだ。「一生勉強　一生青春」

日本の筆跡は型に縛られてない創造的な書体が魅力だ。小さな扁額に短くて太く書かれた自由な字が頭に残る。いつも学んでいつも青春の気持ちで生きていかなければ。

白くて厚い毛布が雲のようにふっくらとしている。足を少し上げて膝を触ってみてびっくりした。痛みがないのでわからなかったが、左ひざに熱がある。反対側を触ってみると大丈夫だ。気をつけたけれど弱い左ひざがどうしても無理をしたようだ。筋肉痛を緩めるパスを捜して貼りマッサージをして横になって眠りにつくと、幸い何事もなかった。

翌日、東側の登山路である御殿場に向かう下り道は、気持ち良いトレッキングだった。火山地帯のぼろぼろした道を下ると、落葉松が生い茂った林道が現れた。次第に苔も見えはじめ、森の中には草の種をまいて煮詰めたように、指の長さ以上に伸びた長い草がびっしり生えていた。ノイバラの木はちょうど真夏だったので花も咲いていた。雑木の間から差し込む鳥のように、恥ずかしげに初青の花が頭を下げている。紫色の花ホタルブクロが道を案内してくれるように時々に目につく。　落葉松が生い茂った森の道を下りてくるとまたぼろぼろした道だ。二つの小さな双子山を過ぎて御殿場駐車場に到着した。六時間、最後まで私の後ろで面倒をみてくれた古屋さんと手を握って万歳を叫んだ。

ある事を決定づける評決で「運七技三」という言葉がある。生きていると自分の意思ではない誰かの指示によって方向が決まり、結末が生じることが多い。すべてうまくいくこともあり、うまくいかないこともある。それで「運七」より「技三」の評決を私は信じている。人生の道も幸せに対する期待と不幸に対する憂慮は「フィフティー・フィフティー」だ。

期待半分、憂慮半分だった旅行を無事に終えた。一年に二ヶ月間だけ肌を表す富士山を登るという期待が叶い、憂慮した山登りが滞りなく終わった。富士山は、すべてのことに希望を持って挑戦し、一歩一歩進めと言っている。

번역: 나카무라 미코(中村美子)

– 한일문화교류센터

※ 시즈오카현 원더포겔회(SWV)https://swv-shizuoka.jimdo.com/ 게재.